Umschlagfotos:
Titelbild und Freisteller: Hans Reinhard, Heiligkreuzsteinach
Umschlagrückseite: Wolfgang Redeleit, Bienenbüttel

Alle Angaben in diesem Buch wurden gründlich geprüft und recherchiert. Für die Richtigkeit der Angaben wird dennoch keine Haftung übernommen.

Impressum

© 2000 Österreichischer Agrarverlag Druck- und Verlagsges.m.b.H. Nfg.KG, Achauerstraße 49A, A-2335 Leopoldsdorf
© 2000 Eugen Ulmer GmbH & Co., Wollgrasweg 41, D-70599 Stuttgart (Hohenheim)

Die Deutsche Bibliothek - CIP-Einheitsaufnahme
Ein Titelsatz für diese Publikation ist bei Der Deutschen Bibliothek erhältlich.

Lektorat: Veronika Schubert, Österreichischer Agrarverlag
Korrektorat: Bettina Jakl-Dresel
Umschlaggestaltung: Atelier Reichert, Stuttgart

Grafische Gestaltung & Satz: Dominici Werbeagentur GmbH, Leopoldsdorf (Österreich), **Illustration:** Elisabeth Fritsche
Printed in Germany

Druck und Bindung: aprinta GmbH, Wemding
ISBN (Österreich): 3-7040-1717-5
ISBN (Deutschland): 3-8001-3135-8

Miriam Wiegele

Der Kräutergarten auf Balkon und Terrasse

Verlag Eugen Ulmer
Österreichischer Agrarverlag

Inhaltsverzeichnis

Inhaltsverzeichnis

Kräuterwissen

Kräuter sind äußerst faszinierende Pflanzen. Ob man nun ihre Heilkräfte zum Hausgebrauch nutzen möchte oder sich einfach nur an den wunderschönen Blüten oder eigenartigen Wuchsformen erfreut – es ist auf jeden Fall wertvoll, sich grundlegende Kenntnisse über ihre Aufzucht, Betreuung und Pflege anzueignen.

Was sind Kräuter?

Botanisch gesehen bezeichnet man als „krautig" Pflanzen, die am Ende ihrer Wachstumsperiode absterben oder Pflanzen, deren oberirdische Teile absterben, die aber im nächsten Frühjahr wieder austreiben. Landläufig versteht man unter Kräutern ganz allgemein Pflanzen, die in irgendeiner Weise der Gesundheit des Menschen nutzen können.

Gewürzkräuter haben aromatische Inhaltsstoffe, die Speisen einen charakteristischen Geschmack verleihen. Der Übergang zu den Heilpflanzen ist dabei fließend, da die ätherischen Öle in den Gewürzkräutern auch heilende Wirkung haben können.

Heilkräuter sind Pflanzen mit heilenden Inhaltsstoffen. Das können nicht nur ätherische Öle, sondern auch Bitter- oder Gerbstoffe, Glykoside oder Flavonoide sein.

Meist nutzt man diese Wirkstoffe, indem man aus den Pflanzen einen Tee zubereitet. Unter aromatischen Teekräutern versteht man hingegen Kräuter, deren Geschmack angenehme Getränke liefert, ohne eine konkrete Heilwirkung zu haben.

Wie wirken Gewürzkräuter?

Die Verwendung von Gewürzen und Kräutern beim Kochen war nicht immer so selbstverständlich wie heute. Und selbst heute noch finden sich manchmal in Diätvorschriften Hinweise, Gewürze nur sparsam zu verwenden, da sie möglicherweise schlecht für Magen oder Haut sein könnten. Die Ernährungsphysiologie hat allerdings wissenschaftlich bestätigt, dass ein vernünftiger Gebrauch von Gewürzkräutern sehr zu empfehlen ist.

Eine einzige Warnung muss ausgesprochen werden: Mit dem zunehmenden Ansteigen von Allergien ist auch eine Häufung von Allergien gegen Gewürzkräuter wie z.B. Beifuß oder Majoran festzustellen. Mit Kräutern gewürzte Speisen duften und regen damit die Speichelbildung an, sie „lassen das Wasser im Mund zusammenrinnen". Das führt bereits vom ersten Bissen an zu einer reflektorischen Steigerung der Produktion der Verdauungsfermente. Mehr Speichel bedeutet auch besser schluckbare Bissen und damit schnellere Verdauung.

Die Verwendung von Gewürzen und Kräutern war nicht immer so selbstverständlich wie heute.

Gewürzkräuter fördern die Durchblutung der Bauchorgane. Dadurch kommt es zu einer verbesserten Tätigkeit von Magen, Darm und Verdauungsdrüsen. Gewürzkräuter regulieren die Darmbewegung und wirken krampflösend und dadurch auch blähungswidrig. Gewürzkräuter haben erwiesenermaßen eine anregende Wirkung auf die Herztätigkeit. Damit verhindern sie Müdigkeit nach opulentem Essen.

Die Aromatherapie hat gezeigt, welch starke Wirkung Düfte auf den Menschen ausüben können. Das bedeutet, dass Speisen, die wunderbar nach Kräutern duften, sowohl eine Wohltat für das seelische Befinden eines Menschen sind, als auch konkrete Effekte haben. Rosmarinduft hat eine Gedächtnis stärkende Wirkung. Menschen, die Neues lernen müssen, sollten daher Rosmarinhähnchen essen. Basilikum oder Bohnenkraut regen das Denken an. Wenn Sie schwierige Aufgaben lösen müssen, würzen Sie damit. Majoran wirkt entspannend und hilft beim Abschalten – ein Kartoffelgericht, nach Majoran duftend, wäre daher das richtige

Abendessen. Viele Gewürz-kräuter werden auch als Heil-pflanzen genutzt. Thymian gibt ausgezeichneten Hustentee und hilft Men-schen mit Atemwegsproble-men. Salbei hat eine hormo-nell anregende Wirkung – Frauen mit Wechselbe-schwerden könnten das nut-zen. Die Weinraute enthält Rutin, einen Wirkstoff, der sich positiv auf die Venen auswirkt. Menschen mit Krampfadern sollten öfter mit ihr würzen. Gewürzkräuter tragen auch zur Versorgung des menschlichen Orga-nismus mit Mineralstoffen und Spurenelementen bei.

Die Blätter von Petersilie, Liebstöckel und Sellerie sind ausgezeichnete Eisenquellen. Da gerade die üblichen Sup-penkräuter sehr viel Kalium und Magnesium enthalten, helfen sie, sparsam zu salzen und tragen zudem dazu bei, das Säure-Basen-Gleichge-wicht im Körper zu erhalten.

Nicht zuletzt bringen die Gewürzkräuter auch Farbe ins Essen und ins Leben. Gelb ist eine stimmungsauf-hellende Farbe. Eine Suppe, die mit Saflorblüten goldgelb gefärbt wird, macht Freude und schmeckt gleich besser. Grün ist die Farbe der Har-

monie. Schnittlauch oder Petersilie auf der Suppe wirkt somit ausgleichend auf den Menschen.

Wie würzt man richtig?

Richtig zu würzen ist ein-fach. Oft findet man bei der Beschreibung von Kräutern einen Hinweis, ob sie mitge-kocht werden sollen oder nicht. Wie im vorigen Kapitel erwähnt, enthalten Kräuter auch Mineralstoffe. Lässt man Gewürzkräuter mitko-chen, bringt man diese besser in Lösung. Ätherische Öle, die das Aroma der Gewürze ausmachen, werden jedoch durch Kochen zerstört. Man sollte daher die Kräuter den Speisen erst gegen Ende des Kochvorganges zufügen und sie nur kurz mitziehen las-sen.

Richtig würzen heißt daher, einen Teil der Kräuter mitko-chen zu lassen und am Schluss, um den Geschmack des Essens zu verstärken, noch einmal nachzuwürzen.

▶ *Heilkräuter: Medizin aus eigenem Anbau*

Kräuter und Blumen lassen sich gut kombinieren. Ein Balkonkasten mit Mimulus, Basilikum und Petersilie genügt, um Gaumen- und Augenschmaus zu zaubern.

dem Balkon und im Zimmer

Kräuter aus der Natur
in die eigenen vier
Wände und auf den
Balkon zu holen, wird
in den Städten immer
mehr zum Bedürfnis
vieler Menschen.

Um den Pfleglingen
beste Bedingungen zu
schaffen und Erfolgs-
erlebnisse zu haben,
sind die richtige Aus-
wahl und Behandlung
der Kräuter entschei-
dend.

Balkonkräuter

Die erste Frage danach, welche Kräuter man auf dem Balkon kultivieren kann, muss der Himmelsrichtung gelten. Ein Balkon oder eine Loggia nach Norden mag sich vielleicht noch für manche Zimmerpflanzen eignen, für Kräuter jedoch nicht.

Die meisten von ihnen brauchen einen sonnigen Platz, denn nur durch Sonne und Wärme entwickeln sie ihr Aroma. Ein Südbalkon wäre daher für Kräuter aus dem mediterranen Raum durchaus geeignet.

Für einen Balkon spielt in der Stadt außerdem die Höhe des Stockwerks eine Rolle. Je höher und von anderen Gebäuden ungeschützter dieser Balkon liegt, desto intensiver ist die Sonneneinstrahlung.

Ein weiterer Faktor, der dringend beachtet werden muss, ist der Wind. Ein freier Balkon in luftiger Höhe kann ausgesprochen zugig, wenn nicht stürmisch sein. Hier gilt es meist, geschützte Ecken zu nutzen, damit sich der Kräuterduft nicht allzu sehr verflüchtigt. Wenn der Balkon an einer verkehrsreichen Straße liegt, ist er zur Kultivierung von Kräutern ebenfalls nicht sehr geeignet.

Kräuter im Zimmer

Für den Kräutergarten im Fensterkasten gilt in etwa das gleiche wie für den Balkon. Wenn man ein Südfenster zur Verfügung hat, kann man sonnenhungrige Kräuter wie Salbei, Thymian, Bohnenkraut oder Oregano kultivieren.

Für die Kultur der Kräuter im Fensterkasten ist natürlich auch ihre Größe zu beachten. Gut geeignet sind einjährige Kräuter wie Petersilie und Kerbel für nicht zu sonnige

Fenster, etwa Ost- oder Westlagen. Für den Kräutergarten im Zimmer gibt es eine Reihe weiterer Überlegungen.

Die Zimmerwärme ist eine zwiespältige Sache. Pflanzen, die als exotische Kräuter aufgelistet sind, lieben es zwar, wenn die Temperaturen nicht allzu sehr schwanken, wie das in zentralgeheizten Wohnungen der Fall ist. Den meisten fehlt jedoch Luftfeuchtigkeit. Das kann man ein wenig durch Besprühen ausgleichen.

Man kann also für die Zimmerkultur exotische Gewürz- und Duftkräuter durchaus empfehlen.

Aber auch altbekannte und beliebte Kräuter wie Petersilie und Schnittlauch sind es wert, auf der Fensterbank kultiviert zu werden. Sie sind vermutlich nicht so würzig und wüchsig wie im Freien, liefern aber dennoch frisches Grün.

Mit Gefäßen gestalten

Noch nie war das Angebot an schönen Pflanzgefäßen so groß. In jedem Gartencenter findet man eine breite Auswahl an Töpfen, Kübeln, Schalen und Fensterkästen in

Man kann für die Zimmerkultur exotische Gewürz- und Duftkräuter durchaus empfehlen, aber auch altbekannte und beliebte Kräuter wie Petersilie und Schnittlauch sind es wert, auf der Fensterbank kultiviert zu werden.

den verschiedensten Formen, Farben und Materialien.

Die Auswahl reicht von schlichten, glatten Tontöpfen bis zu kunstvoll verzierten Terrakottagefäßen. Pflanzengefäße aus Kunststoff sind billiger und werden auch schon in attraktiven Formen angeboten. Für den Balkongarten spricht bei Kunststofftöpfen auch deren geringes Gewicht. Für Pflanzen, die genügend Raum zur Entwicklung brauchen, wie Liebstöckl, empfehlen sich Holzkübel.

Besonders attraktiv, aber auch kostspieliger sind glasierte, asiatische Keramiktöpfe. Wer mehrjährige Kräuter auf Balkon und Terrasse kultivieren möchte, die auch im Winter draußen bleiben sollen, sollte bei der Auswahl der Töpfe und Kübel ihre Frostbeständigkeit beachten.

Gefäße aus Terrakotta sind leider nicht frostfest. Gefäße, die sich nach oben hin verbreitern, halten Minustemperaturen besser stand, da sich die gefrorene Erde besser ausdehnen kann. Leider überstehen jedoch auch solche Töpfe nicht allzu viele Winter. Asiatische Keramik mit den schönen und zu den Kräutern so gut passenden Glasuren in Grün oder Blau hat sich als ziemlich frostbeständig erwiesen. Beim Kauf der Gefäße sollte man, auch wenn die Pflanzen noch klein sind, vorausblickend größere wählen. Die Kräuter danken es, indem sie schneller heranwachsen. Außerdem speichern große Töpfe die Feuchtigkeit besser.

Vor dem Auspflanzen in die Töpfe sollte man auch an einen guten Wasserabzug denken, da die meisten Kräuter gegen Staunässe sehr

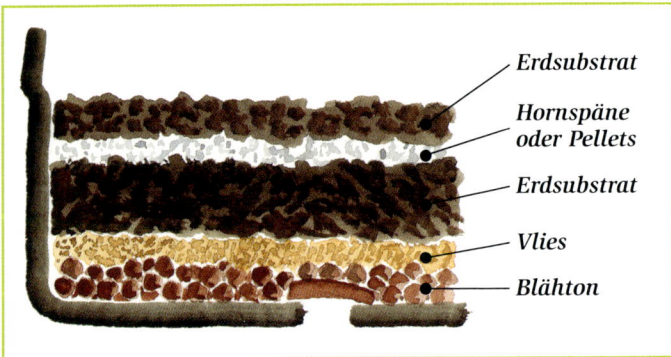

Erdsubstrat

Hornspäne oder Pellets

Erdsubstrat

Vlies

Blähton

Schnitt durch einen Fensterkasten

empfindlich sind. Man muss also darauf achten, dass alle Pflanzengefäße genügend große Abzugslöcher haben. Kann man Kräuter nur in Fensterkästen ziehen, ist es ratsam, auch hier für einen guten Wasserabzug zu sorgen.

Da die Pflanzen bei dieser Kultivierung jedoch besonders schnell austrocknen können, sollte man eine Möglichkeit schaffen, Feuchtigkeit in geringen Dosen zu speichern. Man füllt den Boden des Fensterkastens mit Blähtonkügelchen oder ähnlichem Material, legt darüber ein Pflanzenvlies und füllt erst dann den Fensterkasten mit Erde, der man am besten auch gleich einen Vorratsdünger in Form von Hornspänen oder mit Dünger gefüllten Pellets beigibt.

Verschiedene Thymianarten können in die Taschen des attraktiven Tongefäßes gepflanzt werden.

Kräutertöpfe lassen sich mit verschiedenen oder gleichen Kräuterarten gestalten.

Säen und Pflegen

Gute Bedingungen,
das Wissen um den
richtigen Zeitpunkt
für die Saat, Fürsorg-
lichkeit und vor allem
Liebe lassen aus dem
Keimling eine kräftige
und widerstandsfähige
Pflanze entstehen.

Besteht Disharmonie,
kommt es zu Krank-
heit und Schädlings-
befall.

Tipps für den Kauf

Bis vor einigen Jahren wandte man sich bei der Suche nach etwas ausgefalleneren Kräutern oft nach England, wo es immer eigene Kräuter-„Nurseries" gegeben hat, betreut von Gärtnern, die ausschließlich Kräuter kultivieren. Als Mitglied diverser botanischer Gesellschaften konnte man in deren Samenkatalogen oft Kräuterbesonderheiten finden.

Mit der zunehmenden Popularität von Kräutern ist es heute einfacher geworden, auch die ausgefallensten exotischen Kräuter käuflich erwerben zu können. In Zeiten des „Global Village" bringen viele Leute von ihren Reisen Samen oder Stecklinge mit. Sie bieten oft Gärtnern ihre Besonderheiten als Tauschobjekte an, wodurch auch deren Angebot immer mehr wächst, was man jedes Jahr beim Studieren der Kataloge mit Freude feststellen kann.

Es macht Spaß, Kräuter aus Samen heranzuziehen. Einfacher und schneller wird der Balkon zu einem Kräuterparadies, wenn man gleich entsprechend große Pflanzen kauft. Alle Kräutergärtnereien haben gut funktionierende Versandsysteme.

Die einzige Überlegung beim Bestellen der Pflanzen muss daher sein, wo man für welche Kräuter die richtigen Bedingungen schaffen kann. Die Adressen einiger Bezugsquellen sind im Anhang zu finden.

RICHTIG PFLANZEN

❧

Bewurzelte Stecklinge oder Pflanzen vom Gärtner setzt man am besten sofort in die Gefäße, in denen sie kultiviert werden sollen. Gute Pflanzsubstrate zu kaufen ist nicht immer einfach und man hat kaum Möglichkeit, die Pflanzerde selbst zusammenzustellen. In jedem Fall sollte man allzu torfreiche Substrate mit Tonmehl anreichern. Kräuter sind normalerweise nicht sehr düngebedürftig. Ein Düngervorrat in Form von Hornspänen kann aber durchaus empfohlen werden.

Aussaat

Das Gedeihen der Kräuter vom Aussäen über das Keimen bis zum Heranwachsen miterleben zu können, ist immer wieder ein faszinierendes Erlebnis.

Besonders einfach ist die Aussaat einjähriger Kräuter. Man bekommt sie zwar oft schon als fertige Pflänzchen beim Gärtner zu kaufen, doch es spart Geld und bringt mehr Pflanzen, wenn man selber sät. Bei ausdauernden Kräutern dagegen, von denen nur wenige Pflanzen pro Art gebraucht werden, ist es besser, sie fertig zu kaufen.

Samen sind Wunderwerke der Natur, in ihren Zellen sind alle Informationen, die optimales Keimen garantieren, gespeichert. Es gibt Samen, die in der freien Natur erst dann keimen, wenn die Lichtverhältnisse für ihr Wachstum optimal sind. Man nennt sie Lichtkeimer. Ihre Samen dürfen beim Aussäen nicht mit Erde bedeckt sondern nur zart ins Substrat gedrückt werden. Um zu zeigen, welche Sicherheitsmechanismen Samen gespeichert haben können, seien hier die Frostkeimer erwähnt. Dies sind

Kräuter aussäen

Pflanzen, die spät im Jahr blühen. Ihre Samen könnten dann zwar noch keimen, doch die zarten Sämlinge würden den Winter nicht überleben. Daher haben die Samen die Information gespeichert: „Keime erst, wenn es nicht mehr kalt ist". Um Frostkeimer wie Engelwurz oder Süssdolde zum Keimen zu bringen, gibt es verschiedene Möglichkeiten. Man kann sie im Spätherbst in Töpfe säen, die den Winter über im Freien bleiben. Eine andere Methode ist das sogenannte Stratifizieren: Dazu füllt man einen Plastiksack mit angefeuchtetem Sand, schichtet die Samen dazwischen ein und gibt den Sack für etwa drei Wochen in den Kühlschrank (nicht ins Tiefkühlfach!). Danach baut man wie üblich an. Diese Methode ist die verlässlichste, um Frostkeimer erfolgreich anzubauen. (Wer sich die Mühe nicht machen will, könnte die Samen einfach in Töpfen anbauen und sie dann mit übergestülpten Plastiksäckchen, um ein Austrocknen zu verhindern, für einige Wochen in den Kühlschrank stellen.)

Samen fein verteilen

Sobald Keimblätter sprießen, sollte gelüftet werden.

Spätestens, wenn das erste echte Blattpaar erscheint, werden die Pflänzchen vorsichtig pikiert.

Das Gegenteil zu Frostkeimern sind Samen, die heiß behandelt werden müssen, um besser zu keimen. Meist sind das Pflanzen, die aus tropischen Regionen stammen, in denen es jährliche Buschbrände gibt.

Solche Samen haben als Information gespeichert: „Keime erst, wenn es nicht mehr heiß ist". Die beste Vorgangsweise, um den Samen einen „Buschbrand" vorzutäuschen, ist, sie in einem feuerfesten Tongefäß mit Wasser bedeckt für einige Stunden bei der niedrigsten Temperatur in das Backrohr zu stellen. Gotu Kola und Zitronengrasarten bereiten manchmal Schwierigkeiten beim Keimen. Die Keimfähigkeit kann durch eine „Heißbehandlung" verbessert werden.

Üblicherweise werden Samen in etwa der doppelten Höhe der Größe des Samenkorns zart mit Erde bedeckt. Zum Aussäen braucht man ein passendes Substrat. „Anzuchterde" ist keimfrei und ungedüngt. Damit füllt man saubere Töpfe oder Anzucht-schalen. Darauf werden die Samen verteilt und bei Dunkelkeimern mit Erde bedeckt. Das Substrat am besten durch Eintauchen in zimmerwarmes Wasser anfeuchten und von oben die Samen mit einer Blumensprühflasche besprühen, damit sie sich intensiv mit der Erde verbinden. Folgende Praxis hat sich bewährt, wenn man viele verschiedene Kräuter gleichzeitig anbaut: Tiefkühlsäckchen haben eine Leiste zum Beschriften, auf der man notieren kann, welche Samen sich in dem Topf befinden.

Vermehrung durch Stecklinge

Stecklinge unterhalb eines Blattansatzes abschneiden

Stecklinge in den Becher stecken und angießen

Ein Plastiksäckchen darüber stülpen und fixieren

Diese Säckchen stülpt man über den jeweiligen Topf und schafft damit gleichzeitig eine Mini-Gewächshausatmosphäre. Wenn die Keimlinge erscheinen, nimmt man das Säckchen ab und verwendet es gleich als Untersetzer für den Topf. Fensterbänke bringen nicht immer ausreichende Bodenwärme für optimales Keimen. Im Handel gibt es beheizbare Gummimatten, die sehr zu empfehlen sind. Zuerst erscheinen die Keimblätter. Sobald die ersten richtigen Blätter wachsen, kann man zu pikieren beginnen, das heißt, man versetzt je 2–3 Pflänzchen in eigene Töpfe. Um sie leicht aus dem Anbautopf zu entnehmen, eignen sich Pikierstäbe, mit denen man dann auch gleich Pflanzlöcher zum Setzen machen kann. Nach dem Einsetzen in den neuen Topf werden sie behutsam und zart angedrückt und mit Wasser übersprüht.

Stecklinge schneiden

Viele Kräuter lassen sich leicht durch Stecklinge vermehren: Bei manchen, wie den Minzenarten, ist diese Form der vegetativen Vermehrung notwendig, um die Arteigenschaften zu erhalten.

Stecklinge schneidet man am besten im Sommer, wenn die Triebe noch nicht verholzt sind. Man nimmt sechs bis acht Zentimeter lange Triebe, die man unterhalb eines Blattansatzes mit einem scharfen Messer abschneidet. Die unteren Blätter müssen vorsichtig entfernt werden. Dann werden die Stecklinge in Töpfe mit steriler Erde gesteckt. Plastikbecher, wie sie im Haushalt zuhauf anfallen, sind dafür bestens geeignet. Um optimales Anwurzeln zu gewährleisten, kann man über den Becher ein Plastiksäckchen stülpen, das mit einem Gummiring fixiert wird. Man sollte darauf achten, dass es immer „aufgeblasen" ist.

Vermehrung durch Wurzelstockteilung

Schnittlauch und die Winterheckenzwiebel, Estragon, Liebstöckel, Thymian, Oregano, Anisysop, Goldmelisse und alle Minzenarten entwickeln innerhalb weniger Jahre einen relativ großen Wurzelstock.

Zur Vermehrung, die auch gleichzeitig eine Verjüngung der Mutterpflanze bedeutet, schneidet man die Kräuter

zurück. Dann nimmt man sie aus dem Topf, vorheriges Gießen ist von Vorteil, und teilt sie vorsichtig.

Bei Kräutern, die einen dichten Wurzelfilz entwickeln, wie Oregano, braucht man eine Gartenschere oder ein Messer. Die Kräuterstücke werden anschließend sofort wieder eingepflanzt. Die beste Zeit zur Wurzelstockteilung ist das Frühjahr.

Kräuter und Urlaub

Eigentlich können Kräuter am Balkon so südliches Flair vermitteln, dass man gar nicht mehr an Urlaub denkt. Es gibt aber auch noch andere Gründe, die dazu führen, dass man seine Wohnung für einige Zeit verlassen muss, und nicht immer findet sich ein netter Nachbar zum Gießen. Im Handel gibt es eine Reihe automatischer Bewässerungssysteme. Wenn man viele Töpfe zu versorgen hat, empfiehlt sich folgendes System: An einem hohlen Tonkegel mit Verschlusskappe hängt ein dünner Schlauch. Der Kegel wird gewässert, so dass der Ton durch feucht ist. Danach wird der Kegel mit Wasser gefüllt, mit der Kappe verschlossen und in die Erde gesteckt. Den Schlauch hängt man in ein mit Wasser gefülltes Gefäß. Beginnt die Erde auszutrocknen, entsteht in den Tonkegeln ein Unterdruck und Flüssigkeit wird aus dem Vorratsbehälter nachgesaugt. Dieses System ist nur als Notmaßnahme gegen völliges Austrocknen zu sehen und reicht sicher nicht für längere Urlaube. Im Handel gibt es auch Tröpfchenbewässerungssysteme, die zwar nicht sehr billig, aber doch effizient genug sind, um auch längere Abwesenheit überbrücken zu können. Unternehmen Sie zur Sicherheit einen Probelauf, bevor Sie auf Urlaub fahren.

Ausreichend helle Vorräume und Treppenhäuser sind zur Überwinterung gut geeignet.

Überwintern

Die Pflanzenporträts in diesem Buch sind nach der Winterhärte der Pflanzen eingeteilt. Unter den Bedingungen einer Kultur in Gefäßen am Balkon sollte man aber doch Vorsichtsmaßnahmen treffen. Es ist empfehlenswert, alle Töpfe, die über den Winter auf der Terrasse bleiben, auf Styroporplatten zu stellen. Mit Noppenfolie, die am besten um jeden Topf gewickelt wird, hilft man, zu verhindern, dass der Frost die Töpfe und auch die Pflanzen zu stark beeinträchtigt. Je nachdem, wie viele Pflanzen man solcherart zu überwintern hat, stellt man sie in Kästen. Auch dort sollten die Zwischenräume mit Noppenfolie isoliert und die Töpfe mit Reisig abgedeckt werden.

Pflanzen, die nicht winterhart sind, brauchen möglichst helle und kühle Standorte. Ausreichend helle Treppenhäuser oder sogar frostfreie, helle Garagen sind zur Überwinterung gut geeignet. Als exotisch sind jene Pflanzen zusammengefasst, die ganzjährige Zimmertemperaturen lieben, bei denen die Überwinterung also kein Problem darstellt.

Schädlinge und Krankheiten

Die ätherischen Öle, die das Charakteristikum des Duftes von Gewürzkräutern ausmachen, werden von den Pflanzen gebildet, um sich zu schützen. Ätherische Öle wirken pilzhemmend und können auch Schädlinge wie Blattläuse abhalten.

Leider führt die extreme Wachstumssituation in Töpfen und in schwierigen Klimaverhältnissen oftmals zu Schädlingsbefall. Will man die Kräuter zum Verzehr verwenden, ist bei der Bekämpfung Zurückhaltung geboten. Wichtig ist, auch unter den Bedingungen einer

Topfkultur auf dem Balkon, die Pflanzen so zu kultivieren, dass sie gegen Schädlingsbefall nicht anfällig werden. Haben sich aber doch einmal Schädlinge eingefunden, sollten Sie sofort dagegen vorgehen, damit sie sich nicht ausbreiten können. Gegen **Blattläuse** hilft oft Spritzen mit herkömmlichem Geschirrspülmittel in einer Sprühflasche. Einen weiteren Versuch kann man mit dem Kochwasser von Pellkartoffeln unternehmen, da das Solanin der Kartoffeln Blattläuse tötet.

Schildlausbefall ist zum Glück bei Kräutern selten. Als Erste-Hilfe-Maßnahme bürstet man sie beispielsweise mit einer Zahnbürste herunter. Regelmäßiges Besprühen mit Seifenlösungen verhindert, dass sich Schildläuse wieder ansiedeln.

Grundsätzlich schützen sich Kräuter auch gegen Krankheiten wie **Mehltau** mit ihren ätherischen Ölen. Eine Maßnahme, die vielleicht prophylaktisch nützen kann, ist, mit Schachtelhalmbrühe zu gießen. Wenn nicht im Gartenfachhandel, bekommt man das Kraut in der Apotheke.

Kräuter, die im Freien überwintern, müssen besonders geschützt werden.

Ernte und Verwertung

Die Kräuter haben den Höhepunkt ihres Lebenszyklus in diesem Jahr erreicht.

Sie haben alle Sonne, Kraft und Anlagen für ihr Weiterleben in die Samen gelegt und bieten uns – je nach Sorte und Art – verschiedenste Möglichkeiten, das, was wir gesät haben, zu ernten, zu verarbeiten und auch Wintervorräte anzulegen.

Der richtige Zeitpunkt

Kräuter, die ätherische Öle enthalten, wie Thymian oder Minze, erntet man, wenn sie zu blühen beginnen. Da ätherische Öle unter anderem die Aufgabe haben, Pflanzen gegen intensive Sonneneinstrahlung zu schützen, ist eine sonnige Wetterperiode vor der Ernte günstig. Keinesfalls sollte man die Kräuter ernten, wenn es vorher geregnet hat. Kurz vor Mittag ist die günstigste Uhrzeit zum Schneiden. Den richtigen Zeitpunkt nach dem Mondkalender auszuwählen, ist derzeit sehr populär. Maria Thun, die sich ihr ganzes Leben mit der Wirkung des Mondes beschäftigt hat, rät,

Kräuter auf keinen Fall an Blatttagen zu ernten – das sind die Wasserzeichen Fische, Krebs und Skorpion. Günstig dagegen sind die Blütentage – die Luftzeichen Zwilling, Waage und Wassermann. Wenn man keinen Mondkalender zur Verfügung hat, wäre zumindest ein Zeitpunkt im zunehmenden Mond günstig.

Kräuter trocknen

Die Kräuter sollten vor dem Trocknen auf keinen Fall gewaschen werden. Falls sie staubig sind, kann man sie vorsichtig ausschütteln. Die Kräuter werden zu lockeren Sträußen gebunden und kopfüber aufgehängt. Erntet

man nur die Blüten, legt man sie locker auf Seidenpapier. Der Raum sollte warm, aber nicht sonnig, luftig, aber nicht zugig sein. Im Freien, z.B. am Balkon, ist es nicht ratsam, Kräuter zu trocknen, da die Luftfeuchtigkeit zu Schimmelbildung und Verlust an Inhaltsstoffen führen kann. Wenn man keine entsprechenden Räumlichkeiten zur Verfügung hat, ist das Trocknen in Dörrapparaten bei niedrigster Stufe zu empfehlen. Wenn die Kräuter rascheltrocken sind, werden sie von den Stielen gestreift und in Gläsern mit Schraubverschluss aufbewahrt. Beschriften ist anzuraten!

Kräuter verarbeiten

Manche Kräuter verlieren beim Trocknen viel von ihrem Aroma. Meist wird als Alternative dazu das **Einfrieren** empfohlen. Dabei bleiben zwar die Vitamine, die Mineralstoffe und auch die schöne grüne Farbe erhalten, das Aroma, also die ätherischen Öle, gehen aber weitgehend verloren. Kräuter wie Petersilie oder Liebstöckel lassen sich gut einfrieren, behalten ihr Aroma aber auch bei richtigem Trocknen. Wenig zufriedenstellend ist das Einfrieren

Eine sonnige Wetterperiode vor der Ernte ist günstig.

von so würzigen Kräutern wie Basilikum. Zum optimalen Einfrieren sollte man die Kräuter nicht vorher hacken, sondern unzerteilt locker in Gefrierbeutel stecken und erst nach dem Durchfrieren zerdrücken und in kleine Behälter abfüllen.

Die alte Methode zum Konservieren des Kräuteraromas durch **Einlegen in Essig oder Öl** ist sehr zu empfehlen. Die ätherischen Öle gehen dabei in die Flüssigkeit über und bleiben lange erhalten. Die Kräuter können allein oder in einer beliebigen Mischung eingelegt werden. Sie werden als ganze Zweige oder Blätter in Gefäße mit weitem Hals gegeben, mit Wein- oder Apfelessig oder gutem Pflanzenöl (Olivenöl bzw. Distelöl) übergossen und verschlossen. Man nimmt für 1 l Essig oder Öl etwa 100 g frische Kräuter. Der Ansatz sollte an einem warmen Ort zwei Wochen stehen. Dann wird abgefiltert und in Flaschen abgefüllt.

Folgende Kräuter eignen sich besonders gut für Kräuteressig und -öl:
Basilikum, Chilischoten, Estragon, Dilldolden, Kerbel, Knoblauch, Lorbeer, Minze, Pimpinelle, Rosmarin, Salbei,

Die Kräuter in lockeren Sträußen kopfüber aufhängen.

Thymian und Zitronenthymian, Weinraute. Gewürze wie Pfeffer- und Senfkörner, Piment, Meerrettich und Wacholder können den Kräuteressig im Geschmack abrunden. Kräuteröle sind nicht nur zum Zubereiten von Salaten vorzüglich. Sie eignen sich auch zum Bepinseln von Grillspeisen und überhaupt zum Kochen.

Pflanzenöl kann aber umgekehrt auch direkt zum Konservieren von Kräutern verwendet werden. Dazu hackt man die Kräuter klein, vermischt sie mit Salz und Öl und füllt sie in kleine Schraubgläser. Basilikum und auch

andere Kräuter lassen sich auf diese Art vorzüglich konservieren.

Für einige Kräuter, wie Dill, kann zum Konservieren auch das **Einsalzen** empfohlen werden. Dazu werden die Kräuter in einem Gefäß lagenweise mit Salz bestreut. Man nimmt für vier Teile Kräuter einen Teil Salz. Die eingesalzenen Kräuter werden dann natürlich **statt** Salz verwendet.

Eine weitere Möglichkeit, Kräuterduft vor allem für Getränke zu konservieren, ist es, **Kräutersirup** herzustellen. Dabei werden Kräuter in einem Zucker-Wassergemisch gekocht, dann abgefiltert und abgefüllt. Ein Kräutersirup ist Grundlage für alle nur erdenklichen Getränkemischungen. Vor allem mit Mineralwasser ist er ein erfrischendes und gesundes Getränk. Es eignen sich die Blüten der Goldmelisse und Blätter von Minzen (siehe Rezept/Portait „Goldmelisse & Indianernessel").

Da ätherische Öle in Alkohol sehr gut löslich sind, wurden seit jeher **Kräuterliköre** produziert. Die Herstellung ist sehr einfach: die richtige Mischung, je nachdem, ob es ein Magenbitter oder ein Aperitif werden soll, in 40-prozentigem Alkohol ansetzen und nach drei Wochen abfiltern. Auch in Wein kann man Kräuter ansetzen. Sehr berühmt ist der herzanregende Rosmarinwein, von dem Pfarrer Kneipp empfahl, ein kleines Gläschen vor dem Frühstück zu trinken.

Kräuter werden durch Einlegen in Essig und Öl konserviert. Auch Kräuterliköre oder -sirup erhalten den aromatischen Kräuterduft.

Kräuterporträts

Nun können Sie Ihre Auswahl unter denjenigen Kräutern treffen, die am besten zu Ihnen und Ihren Wohnverhältnissen passen.

Haben Sie einen vollsonnigen oder einen schattigen Balkon oder verfügen gar über einen Kleinstgarten, bevorzugen Sie exotische Gewürze oder Wildpflanzen?

Für jeden Geschmack wird die Vielfalt der Kräuter das Passende bieten.

Einjährige und zweijährige Kräuter

Dill
Anethum graveolens

BESCHREIBUNG UND KULTUR:
Der Dill stammt vermutlich aus Vorderasien und gehört zu den Doldenblütlern. Er wird 50 bis 90 cm hoch und hat fein gefiederte, stark aromatische Blätter. Dill eignet sich gut für die Topfkultur und begrenzt für den Fensterkasten. Er benötigt Sonne und einen windgeschützten Platz. Aussaat ab März ins Freie. Vereinzeln ist angebracht. Will man nur frische Blätter ernten, kann man ihn dichter wachsen lassen. Will man Samen ernten, benötigen die Pflanzen ca. 20 cm Abstand. Dill nie gemeinsam mit anderen Doldenblütlern in einem Gefäß kultivieren.

WIRKUNG UND VERWENDUNG:
Dill hat blähungswidrige Wirkung. Sein Tee hilft auch bei Stillproblemen. Die moderne Duftforschung spricht manchen Doldenblütlern überhaupt eine hormonell anregende Wirkung bei Frauen zu. Vielleicht stammt daher der Rat für Bräute aus dem Mittelalter, bei der Heirat Dillsamen in den Strümpfen zu tragen und den Spruch zu sagen: „Ich hab' in den Strümpfen Kümmel und Dill, jetzt muss der Mann tun, wie ich will!" Dillblätter sollten möglichst frisch verwendet werden. Nicht mitkochen lassen. Dill lässt sich schlecht trocknen und einfrieren.

Feingehackte Dillblätter passen gut in Salate (z.B. Tsatsiki), zu Saucen (vor allem zu Krabben und Fisch), zu Kartoffeln, Karotten, Kohl und Pilzen. Die Samen eignen sich auch vorzüglich zum Verfeinern von Kartoffelsalat und zum Einlegen von Gurken.

Dill (Anethum graveolens)

> ## DAS BESONDERE REZEPT
>
> ### Eingesalzener Dill
> *Fein gewiegte Blätter lagenweise mit Salz bestreuen (Verhältnis 5 Teile Kräuter, 1 Teil Salz). So behält der Dill viel von seinem Aroma. Bei der Verwendung ist auf weiteres Salzen zu verzichten.*

Petersilie
Petroselinum crispum

BESCHREIBUNG UND KULTUR:
Petersilie ist eine zweijährige Pflanze aus der Familie der Doldenblütler. Sie ist nicht kälteempfindlich und kann daher schon Anfang März angebaut werden. Für die Topfkultur empfiehlt sich nur die Blattpetersilie, von der es auch eine krause Form gibt. Samen nur zart mit Erde bedecken, gut feucht halten und Geduld bewahren, denn Petersilie kann beim Keimen problematisch sein. Achten Sie darauf, wirklich frische Samen zu bekommen, alle Doldenblütler verlieren sehr schnell ihre Keimfähigkeit.

Petersilie ist mit sich selbst unverträglich, also nie im selben Gefäß wie im Vorjahr anbauen, ohne die Erde vollständig ausgetauscht zu haben. Petersilie wächst problemlos sowohl im Fensterkasten als auch in Töpfen. Zimmerkultur ist möglich, aber nicht sehr ergiebig.

WIRKUNG UND VERWENDUNG:
Aus den Mittelmeerländern stammend, ist Petersilie bei uns längst eine altbekannte Kulturpflanze. Als Tee zubereitet wirkt sie stark harntreibend. Als Würze kann man ihr eine stoffwechselanregende Wirkung zuschreiben. Vor allem Rheumatiker und Menschen mit Eisenmangel sollten viel mit Petersilie würzen. Die Samen sollte man nicht verwenden und während der Schwangerschaft sollte man mit frischer Petersilie etwas sparsamer umgehen.

Petersilie ist ein Universalgewürz für Suppen, Saucen, Kartoffeln und viele Gemüsegerichte.

Petersilie kann man gut trocknen, aber auch einfrieren. Wenn man sie im Topf im Freien überwintert, kann sie auch „naturgefroren" geerntet werden.

Auch Krause Petersilie (Petroselinum crispum var. crispum) eignet sich zur Kultur im Topf.

Kerbel

Anthriscus cerefolium

BESCHREIBUNG UND KULTUR:
Kerbel ist ein zweijähriger
Doldenblütler mit anisähnli-
chem Aroma. Er zählt zu den
Lichtkeimern, die bereits ab
März ausgesät werden kön-
nen.

Da die Pflanzen Platz brauchen, sollte man sie im
Abstand von 20 cm setzen.
Die Pflanzen lieben Halb-
schatten und viel Feuchtigkeit. Als zweijährige Pflanze
kann er im Freien überwintert werden, wo man ihn
auch in gefrorenem Zustand
ernten kann. Eine Überwinterung im Zimmer ist an kühlen
Fenstern möglich.

WIRKUNG UND VERWENDUNG:
Man kann ihn für stoffwechselanregende Frühjahrskuren
empfehlen.

Bei Hautproblemen ist er, in
Form von Kompressen oder
als Tinktur, ein altgeschätztes
Schönheitsmittel.

Die Blättchen mit dem süßen
Anisaroma würzen Kräuter-
aufstriche, Topfengerichte,
Saucen, Kartoffelspeisen und
Suppen.

Kerbel (Anthriscus cerefolium)

DAS BESONDERE REZEPT

Schweizer Kerbelsuppe

*Zwiebel- und Speck-
würfel in Butter
anrösten, Kartoffelwürfel
dazugeben, mit Fleisch-
brühe aufgießen und
ca. 20 Minuten kochen
lassen. Weißwein und
fein gehackten Kerbel
dazugeben und noch
kurze Zeit ziehen lassen.*

Schnittsellerie

Apium graveolens

BESCHREIBUNG UND KULTUR:
Sellerie kennt man üblicherweise als Gemüse in zwei
Formen, als Knollen- oder
als Stangensellerie. Wenig
bekannt ist dagegen, dass
es auch eine Form gibt, die
hauptsächlich Blätter entwickelt, die Schnittsellerie.

Diese Art ist für die Topfkultur optimal geeignet, da die
Pflänzchen nicht allzu groß
werden und leicht zu kulti-

vieren sind. Die Aussaat erfolgt entweder ab März auf der Fensterbank oder ab Mitte Mai, da frostempfindlich, im Freien direkt in den Topf. Sellerie ist ein Lichtkeimer – Samen daher nur leicht andrücken.

Vereinzeln oder pikieren ist anzuraten, um kräftige Pflanzen zu bekommen. Nährstoffe sollte man besser in Form eines Langzeitdüngers bereits in das Pflanzensubstrat geben.

WIRKUNG UND VERWENDUNG: Alle Selleriearten enthalten ätherische Öle, die eine harntreibende Wirkung haben. Reichlich mit Sellerieblättern zu würzen kann daher bei Gicht und rheumatischen Erkrankungen sowie Blasenproblemen empfohlen werden.

Wie Petersilie hat Schnittsellerie einen sehr hohen Eisengehalt und hilft somit als Suppenwürze, Farbe in die Wangen zu bringen. Sellerieblätter sind eine klassische Würze für alle Suppen und Eintöpfe. Sie lassen sich ausgezeichnet trocknen und einfrieren.

Schnittsellerie (Apium graveolens)

DAS BESONDERE REZEPT

Suppenwürze

Mischen Sie zu gleichen Teilen getrocknete, zerkleinerte Blätter von Petersilie, Liebstöckel und Sellerie. Dazu gibt man grob zerstoßene Piment- und Pfefferkörner. Füllen Sie diese Mischung in ein Gefäß. So haben Sie jederzeit Suppenwürze griffbereit.

Saflor, Färberdistel (Carthamus tinctorius)

sind nur schwach würzig. In der Chinesischen Medizin wird der Tee gegen Leberprobleme verwendet. Mit Saflor gefärbte Speisen sind demzufolge besonders gesund. Zur Verwendung werden, wenn die Pflanzen voll erblüht sind, die Blütenblätter ausgezupft und getrocknet.

Saflor, Färberdistel
Carthamus tinctorius

BESCHREIBUNG UND KULTUR:
Der einjährige Korbblütler hat kräftig gefärbte, dunkelorange Blütenköpfe, wird aber in Töpfen nicht höher als 50 cm. Von dieser Pflanze stammt das bekannte „Distelöl". Die Samen werden wegen möglicher Frostgefahr nicht allzu früh angebaut. Vorkultur am Fensterbrett ist möglich. Sie sollten in tiefen Rillen von etwa $\frac{1}{2}$ cm gesät werden und keimen gut. Die Pflanzen müssen vereinzelt werden und brauchen, damit sich ausreichend Blütenstände entwickeln können, entsprechende Töpfe.

WIRKUNG UND VERWENDUNG:
Bei uns ist Saflor als Gewürzpflanze nahezu unbekannt. Nur im südlichsten Bundesland Österreichs, Kärnten, baut man Saflor seit jeher als „Safran" an, um die entsprechende Farbe in die „Gelbe Kirchtagssuppe" zu bringen. Die Blütenblätter haben eine gelb färbende Wirkung und

Rucola, Rauke
Eruca sativa

BESCHREIBUNG UND KULTUR:
Der einjährige Kreuzblütler ist erst seit einigen Jahren durch Liebhaber der italienischen Küche bekannter geworden. In Italien ist Rucola ein altbeliebtes Würzkraut für Salate. Die Kultur der Pflanze ist denkbar einfach – anbauen, ausreichend gießen und ernten.
Ein Tipp aus Italien: da dort Rucola zu anderen Blattsalaten gemischt wird, baut man sie meist auch gemeinsam an. „Misticanza" nennt sich so eine Samenmischung aus diversen Blattsalaten aus der Gattung *Lactuca,* wie Eichblattsalat oder Lollo Rosso und aus der Gattung *Cichorium,* wie Radicchio. Wenn man ausreichend große Töpfe wählt, kann man diese

Mischung auch am Balkon kultivieren.

WIRKUNG UND VERWENDUNG: Als „blutreinigend" kann der Kreuzblütler sicher auch bezeichnet werden. Und dazu die vielen Mineralstoffe! Rucola ist einfach gesund. Der Duft erinnert ein wenig an Schweinebraten, bei Pflanzen etwas unerwartet! Rucola wird immer nur frisch verwendet.

Schwarzkümmel
Nigella sativa

BESCHREIBUNG UND KULTUR: Das einjährige Hahnenfußgewächs stammt aus Vorderasien. Eine sehr nahe Verwandte, die „Jungfer im Grünen" *(Nigella damescena)*, ziert schon seit langen Zeiten die Bauerngärten. Die Pflanze wird ca. 40 cm hoch, hat fiederteilige Blätter und zarte, weiße Blüten, die von einem filigranen Blätterkranz gestützt werden. Im Herbst entwickeln sich Samenkapseln, die auch als Trockengesteck genützt werden können und in denen sich würzige Samen befinden.

Der Anbau ist einfach: ab Mitte März im Freien in nicht

Die Doppelrauke (Diplotaxis tenuifolia) kann wie die Rauke (Eruca sativa) verwendet werden.

Schwarzkümmel (Nigella sativa)

zu tiefen Rillen anbauen. Vereinzeln ist anzuraten. Da sie eher zarten Wuchs hat, wirkt sie gut in Kombination mit größeren Pflanzen, wie z. B. Rosen.

WIRKUNG UND VERWENDUNG: Die duftenden, schwarzen Samen sind in Vorderasien das Gewürz, das man auf Gebäck streut, etwa wie in unseren Breiten Mohn. Der Geschmack ist pfeffrig scharf.

Populär geworden ist das Schwarzkümmelsamenöl, das in Kapseln angeboten wird. Aber auch die Samen selbst haben ihre Wirkung: unterstützend bei Allergieanfälligkeit und bronchienerwei-

ternd. Als Würze eignen sie sich nicht nur für Gebäck, sondern, wenn man eine exotische Note liebt, auch für Gemüse- und Fleischgerichte.

Winterkresse
Barbarea vulgaris

BESCHREIBUNG UND KULTUR: Die zweijährige Pflanze aus der Familie der Kreuzblütler bildet im ersten Jahr eine Rosette aus sattgrünen gefiederten Blättern, die über den Winter auch bei Frost grün bleiben und frisch geerntet werden können. Im nächsten Frühjahr beginnt die Pflanze zu blühen. Bei Topfkultur

empfiehlt es sich, sie nicht selbst aussamen zu lassen, sondern die Samen zu ernten und sofort wieder anzubauen. Die Samenkörner liegen in schmalen Schoten. Der Anbau ist problemlos, die Pflanzen brauchen Platz, also pro Topf nur eine Pflanze setzen. Tiefe Töpfe sind günstig, da die Pflanzen Pfahlwurzeln haben. Die Winterkresse liebt es feucht und halbschattig.

WIRKUNG UND VERWENDUNG: Wie es für Kreuzblütler typisch ist, enthält Winterkresse Stoffwechsel fördernde, entschlackende Senfölglykoside, die bei Erkältungen auch bakterienhemmend wirken können. Da sie auch einen hohen Vitamin C- und Mineralstoffgehalt hat, ist sie eine ideale Bereicherung an frischem Grün im Winter. Trocknen oder Einfrieren lohnt nicht, da man den ganzen Winter über „naturgefroren" ernten kann.

Winterkresse schmeckt pfeffrig pikant und sollte unter Salate, vor allem Kartoffelsalat gemischt werden. Feingeschnitten passt sie auch in Quarkaufstriche, Saucen, und in Butter gedünstet kann sie wie Spinat gegessen werden.

Verwertet werden die Blätter der Winterkresse (Barbarea vulgaris).

Majoran
Majorana hortensis

BESCHREIBUNG UND KULTUR:
Majoran ist eigentlich ein
ausdauernder Lippenblütler.
Er ist nahe mit Oregano verwandt, hat jedoch ein völlig
anderes Aroma. Da er frostempfindlich ist, wird er bei
uns einjährig gezogen. Die
Pflanze kann bis 50 cm hoch
werden und hat graugrüne,
sehr würzige Blättchen. Ab
März kann dieser Lichtkeimer
auf der Fensterbank vorgezo-
gen werden. Später pikieren

Majoran (Majorana hortensis)

DAS BESONDERE REZEPT

Majoran-schnupfensalbe

(auch für Kinder)
1 Teelöffel getrockneten
Majoran mit 1 Teelöffel
Weingeist übergießen,
1 Stunde ziehen lassen.
2 Teelöffel Butter im
Wasserbad schmelzen,
den abgefilterten Majo-
ransansatz dazurühren
und in kleine Tiegel
abfüllen. Diese Salbe
immer frisch zubereiten
und rund um die Nase
auftragen.

und pro Topf je 3 bis 4 Pflänzchen als Büschel zusammen-
setzen. Er liebt Sonne und
sparsames Gießen, das heißt
regelmäßig, doch nicht zu viel.

WIRKUNG UND VERWENDUNG:
Wie alle Gewürzkräuter hat
er verdauungsanregende,
blähungswidrige Wirkung.
Der Duft wirkt entspannend
und ist daher gut gegen
Stresssymptomatik. Er hilft
als Tee bei nervösem Herz-
klopfen, hohem Blutdruck
und Einschlafstörungen,
Kopfschmerzen und Erkältun-

gen. Er lässt sich sehr gut
trocknen und passt vor allem
zu Fleischspeisen wie Hack-
braten, Rindsgulasch, Ra-
gouts, zu Gänse-, Schweine-
oder Lammbraten. Besonders
gut schmeckt er in Kartoffelgerichten, Suppen und Eintöpfen. Achtung: die moderne Duftforschung schreibt
dem ätherischen Öl eine
dämpfende Wirkung auf
Männer zu. Überlegen Sie
daher genau, wann Sie ein
Kartoffelgulasch mit Majoran
oder alternativ dazu mit Bohnenkraut würzen.

Ausdauernde Kräuter

Bohnenkraut
Satureja montana

BESCHREIBUNG UND KULTUR:
Der aus dem Mittelmeerraum stammende Lippenblütler kann in verschiedenen Formen auftreten. Es gibt einjähriges und ausdauerndes Bohnenkraut und von diesem auch diverse Varietäten: *Satureja repandens*, mit kriechendem Wuchs, das sich gut für Ampeln eignet, oder ein Bohnenkraut aus Dalmatien mit zitronigem Duft, *Satureja montana* var. *citriodora*, für all jene, denen der typische Bohnenkrautgeschmack zu scharf ist. Bohnenkraut wird kaum höher als 40 cm und hat nadelförmige, stark duftende Blätter.

Wenn man das Bohnenkraut selber aus Samen ziehen will, sät man ab März in warmgestellten Saatschalen. Als Lichtkeimer nur fein mit Erde bedecken. Das Bohnenkraut ist wärmeliebend und braucht einen sonnigen Platz. Regelmäßig zurückschneiden, damit es nicht zu sparrig wird, vor allem im Frühjahr. Winterschutz für die Töpfe ist unbedingt notwendig.

WIRKUNG UND VERWENDUNG:
Bohnenkraut ist stark blähungswidrig und hilft als Tee auch bei Durchfall. Das Bohnenkraut wurde im Mittelalter sehr geschätzt und als Hilfe für „eheliche Wercke" empfohlen. Diese Empfehlung ist sicher auch heute noch weiterzugeben. Bohnenkraut lässt sich sehr gut trocknen. Es wird traditionell zu Hülsenfrüchten empfohlen, die es geschmacklich aufwertet und in ihrer blähenden Wirkung mildert.

Der leicht pfeffrige Geschmack passt aber auch sehr gut zu Fleischragouts und Suppen, vor allem Kartoffelsuppe, wie auch zu allen Eintöpfen.

Auch einjähriges Bohnenkraut (Satureja hortensis) ist für die Topfkultur geeignet.

Oregano
Origanum vulgare compactum und andere

BESCHREIBUNG UND WIRKUNG:
Beachten Sie beim Kauf, nicht den heimischen Dost *(Origanum vulgare)* zu erhalten, der nicht den charakteristischen Oregano-Duft hat. Das für die mediterrane Küche so typische Gewürz stammt von niedrig wachsenden Arten wie *O. v. compactum*, aus Dalmatien oder aus Griechenland stammenden Arten wie *O. heracleoticum, O. onites* und anderen, die von Kräutergärtnereien angeboten werden.

Besonders attraktiv und genauso würzig sind buntlaubige Arten, wie *O. vulgare* 'Aureum' und eine krausblättrige, niedrig wachsende Varietät, *O. vulgare* 'Aureum crispum'. In der Kultur sind sie alle gleich zu behandeln: sonnige Plätze und regelmäßiges, aber sparsames Gießen. Diese Arten sind grundsätzlich winterhart, die Töpfe müssen aber vor dem Durchfrieren geschützt werden.

WIRKUNG UND VERWENDUNG:
Oregano wirkt magenstärkend und verdauungsanregend. Das ätherische Öl hat eine stark durchblutungsfördernde Wirkung, der Tee hat sich bei Muskelschmerzen und -kater bewährt. Oreganoblätter bewahren auch, richtig getrocknet, das typische Aroma.

Oregano ist das Pizzagewürz schlechthin, passt aber auch zu Spaghetti und zu allen Tomaten- und Gemüsegerichte wie Zucchini oder Auberginen. Er ist ein herrliches Gewürz für Grillspeisen, ein Muss zu Lamm, gleich, ob gebraten oder als Ragout, und passt auch zu Fisch oder Muscheln.

Vom Griechischen Oregano gibt es viele Arten.

DAS BESONDERE REZEPT

Schafkäse in Oregano

Schafkäsestückchen in ein Glas mit Schraubverschluss geben, Oregano und Knoblauchzehen dazu, mit Olivenöl übergießen und eine Woche ziehen lassen. Das Öl kann auch extra verwendet werden.

Salbei
Salvia officinalis

Beschreibung und Kultur:
Der Salbei ist in den Mittelmeerländern zu Hause, wo er am liebsten auf trockenen Felshängen wächst. Der Lippenblütler bildet verholzende Halbsträucher, die jedoch im Topf nicht höher als 50 cm werden. Charakteristisch sind die graugrünen, filzigen und etwas derben Blätter, besonders attraktiv die buntlaubigen Formen: die rotlaubige *S.o.* 'Purpurascens', die gelb-panaschierte *S.o.* 'Icterina', die gelblaubige Art, *S.o.* 'Aurea' und besonders schön, aber nicht winterhart, eine Form mit dreifärbigen Blättern, *S.o.* 'Tricolor'. Sehr wirkungsvoll ist es, wenn man alle diese Arten gemeinsam in großen Gefäßen wachsen lässt.

Verwenden kann man den bunten Salbei wie die reine Art. Als besonders würzig hat sich eine schmalblättrige Art erwiesen, *Salvia off.* var. *lavandulifolia,* die sehr kompakt wächst und sich daher für Topfkultur besonders eignet. Salbei braucht viel Sonne, sparsames Gießen und muss regelmäßig geschnitten werden, da er sonst verholzt.

Gelb-panaschierter Salbei (Salvia officinalis 'Icterina')

Wirkung und Verwendung:
Salbei ist der klassische Tee zum Gurgeln bei Halsweh. Um dabei die Gerbstoffe zu nutzen, muss man den Tee länger ziehen lassen. Wie üblich im Aufguss zubereitet, ist Salbei auch ein ausgesprochenes Frauenheilmittel, z.B. bei Wechselbeschwerden. In der Küche nimmt man Salbei vor allem zu Fisch und Seefrüchten, er passt aber auch zu kräftigen Fleischgerichten wie Lammragouts. Die Zürcher Leberspieße sind ohne Salbei genauso undenkbar wie Saltimbocca a la Romana, Kalbsrouladen mit Schinken und Salbeiblättern. Feingehackte, frische Blätter passen sehr gut in Quarkaufstriche.

Salbei (Salvia officinalis)

Estragon
Artemisia dracunculus

BESCHREIBUNG UND KULTUR:
Estragon ist ein Korbblütler, nahe mit Wermut, Beifuß und Eberraute verwandt. Im Unterschied zu diesen enthält er jedoch keine Bitterstoffe und eignet sich daher als Gewürz. Vom Estragon gibt es verschiedene Arten und man sollte darauf achten, den würzigen 'französischen' zu kaufen und nicht den 'russischen', den man auch aus Samen ziehen kann.

Estragon breitet sich durch Wurzelausläufer aus, er benötigt daher Gefäße, die nicht tief sein müssen, aber eine entsprechende Größe aufweisen. Der französische Estragon wird circa 60 cm hoch und hat schmale Blätter. Er braucht warme, windgeschützte Plätze und humusreiche Erde, die nicht austrocknen sollte. Es ist ratsam, ihn vor dem Winter zurückzuschneiden und auf besonders guten Winterschutz und Bedeckung mit Reisig zu achten.

WIRKUNG UND VERWENDUNG:
Eine besondere Heilwirkung ist dem Estragon sicher nicht zuzuschreiben. Er ist, wie alle Gewürze, verdauungsanregend und in der französischen Küche besonders beliebt. Sein süßlicher Geschmack passt gut in Suppen, vor allem Kartoffelsuppe. Als besonderes Beispiel sei die Vichyssoise genannt, eine Suppe aus Kartoffeln und Lauch, die auch kalt gegessen werden kann.

Estragon dient zum Aromatisieren von Essig oder Senf, würzt auch vorteilhaft Fischgerichte und lässt sich relativ gut trocknen.

DAS BESONDERE REZEPT

❦

Estragonessig
Frische, junge Zweige und Blätter werden in eine Flasche oder ein Glas mit Schraubverschluss gegeben, mit Weinessig übergossen, zwei bis drei Wochen an einem kühlen Ort ziehen gelassen, abgefiltert und in Flaschen abgefüllt.

Estragon (Artemisia dracunculus)

Thymian
Thymus vulgaris

BESCHREIBUNG UND KULTUR:
Thymian ist ein Lippenblütler aus dem Mittelmeerraum, den es in unterschiedlichsten Arten gibt. Gemeinsam ist allen, dass sie kleine, schnell verholzende, teils kriechende, teils bis zu 50 cm hohe Halbsträucher bilden. Auch ihr Duft ist so verschieden, dass man sie sozusagen in Arten einteilen kann, die nach Thymian riechen und andere, die mit unerwarteten Düften aufwarten. *T. mastichina* riecht nach Eukalyptus, *T. camphoratus* nach Kampfer. Es gibt auch Arten, die nach Parmesan duften und daher besonders gut zu Spaghettisaucen passen oder manche, die nach Lavendel oder Fichtennadeln duften.

Sehr zu empfehlen ist der Zitronenthymian *(T. x citriodorus)* und Varietäten wie *Thymus fragrantissimus*, dessen Laub ganz intensiv nach Orangenschalen riecht. Es gibt auch Arten mit silbrig geränderten oder goldfarbenen Blättern.

Grundsätzlich liebt es der Thymian sonnig und trocken. Er sollte regelmäßig geschnitten werden. Winterschutz ist bei Thymiantöpfen anzuraten.

WIRKUNG UND VERWENDUNG:
Das ätherische Öl ist antibakteriell und krampflösend, die richtige Zusammensetzung für einen optimalen Hustentee.

Aromatische Kräuter haben aber auch eine Duftwirkung auf unser Gehirn. „Thymos" heißt auf griechisch „Mut". Von den Spartanern wird erzählt, dass sie Thymiankränze um die Stirn trugen, wenn sie in den Kampf zogen. Der Thymianduft mobilisiert unsere inneren Kräfte. Eine solche Wirkung kann auch als Würze nur nützlich sein. Thymian passt zu fast allen Speisen, besonders aber zu Kartoffelgerichten und Wild.

Thymian (Thymus vulgaris)

Liebstöckel
Levisticum officinale

BESCHREIBUNG UND KULTUR:
Im Garten dominiert der Liebstöckel gegenüber allen anderen Doldenblütlern. Er ist eine Pflanze, der man viel Raum lassen muss. Darauf ist auch bei der Topfkultur zu achten. Das Gefäß sollte tief genug sein, um den Wurzelausläufern Raum zu bieten. Ein großer Kübel wäre das richtige Pflanzgefäß, um auch auf dem Balkon Liebstöckel zu ernten. In kleineren Töpfen oder im Fensterkasten lohnt sich die Kultur keinesfalls. Liebstöckel braucht nährstoffreiches Substrat, ausreichend Feuchtigkeit und halbschattige Standorte. Da er nach dem Blühen dazu neigt, eine Wachstumspause einzulegen, sollte man die Blütenstängel ständig ausbrechen. Liebstöckel ist, vor allem in großen Behältern, verlässlich winterhart.

WIRKUNG UND VERWENDUNG:
Das ätherische Öl hat harntreibende Wirkung. Um diese zu entfalten, bedarf es der Zubereitung als Tee.

Als Würze eignet sich Liebstöckel sehr gut für Rheumatiker. Liebstöckel enthält eine wahre Fülle an Mineralstoffen, vor allem Kalium, Magnesium, Eisen und auch Natrium. Wenn man ihn mitkochen lässt, kann man Kochsalz sparen. In Kombination mit der harntreibenden Wirkung erweist er sich daher als empfehlenswert für Hochdruckpatienten.

Liebstöckel ist nicht nur Suppenkraut, er passt auch sehr gut zu Hülsenfrüchten und Hackfleisch. Feingehackte, frische Blätter schmecken hervorragend in Tomatensalat und auch auf einem Butterbrot. Liebstöckelblätter lassen sich gut trocknen.

Liebstöckel (Levisticum officinale)

Anisysop
Agastache anethiodora

BESCHREIBUNG UND KULTUR:
Mit Ysop hat dieser Lippenblütler aus Nordamerika
nichts zu tun, sein Geruch ist
allerdings eine Mischung aus
Anis und Minze. Die Pflanzen können im Topf bis zu
60 cm hoch wachsen und
sind mit ihren lilabläulichen
Blüten nicht nur eine wahre
Zierde für den Balkon, sondern auch eine hervorragende
Bienenfutterpflanze. Wenn
man Saatgut bekommt, ist
Anisysop einfach zu kultivieren, wenn man beachtet, dass
er ein Lichtkeimer ist. Einfacher ist es, von Kräutergärtnern Pflanzen zu kaufen. Oft
bieten sie bereits eine größere
Palette von Agastachen an,
die sich sowohl in Duft als
auch in der Blütenfarbe
unterscheiden.

Der Anisysop selbst ist verlässlich winterhart. Bei seinen
verschiedenen Unterarten
allerdings muss die Winterhärte, vor allem bei Topfkultur, oft erst erprobt werden.
Alle Agastachen brauchen
ein humusreiches Substrat,
ausreichend Nährstoffe und
einen sonnigen Platz.

WIRKUNG UND VERWENDUNG:
Über Inhaltsstoffe ist nicht
allzu viel bekannt. Ein so
aromatischer Tee hat aber
mit Sicherheit verdauungsanregende Wirkung und spricht
mit seinem süßen, anisartigen
Geschmack auch die Jüng-
sten an. Anisysop ist somit
ein optimaler Frühstückstee,
ein durstlöschender Tee für
zwischendurch und auch gut
als Eistee.

Als Würze eignen sich die
Blätter für Süßspeisen, vor
allem für Fruchtsalat. Sie
lassen sich ohne allzu großen
Geschmacksverlust trocknen.

Anisysop (Agastache anethiodora)

Süßdolde
Myrrhis odorata

BESCHREIBUNG UND KULTUR:
Dieser Doldenblütler ist leider noch viel zu wenig bekannt. Die Pflanze, die bis zu Mittelgebirgsregionen wachsen kann, hat eine lange Pfahlwurzel und weiche, farnartige Blätter. Alle Teile haben einen angenehmen Geruch nach Anis. Verwendet werden jedoch hauptsächlich die Blätter. Aus Samen kann die Süßdolde nur kultiviert werden, wenn man absolut frisches Saatgut hat. Viele Kräutergärtner haben sie allerdings im Angebot. Die Süßdolde braucht zur optimalen Entwicklung der Wurzeln höhere Töpfe, humusreiches Substrat und wenig Dünger. Regelmäßiges Gießen fördert eine gute Entwicklung der Pflanzen, die auch mit den schattigsten Plätzen am Balkon noch zufrieden sind.

WIRKUNG UND VERWENDUNG:
Ähnlich wie Anis selbst hat ein Tee aus den Blättern der Süßdolde krampflösende Wirkung, vor allem bei Bauchschmerzen. In Frankreich werden die jungen Blätter, meist gemeinsam mit Estragon, sehr häufig als Küchengewürz verwendet. Da sie aber nicht nur anisartig, sondern auch zart süß schmecken, passen die Blätter vor allem in Süßspeisen, wo sie sogar helfen können, Zucker zu sparen.

Die Blätter können getrocknet werden, verlieren aber an Duft.

Süßdolde (Myrrhis odorata)

Goldmelisse, Indianernessel
Monarda didyma

BESCHREIBUNG UND KULTUR:
Die Goldmelisse darf nicht mit der Melisse *(Melissa officinalis)* verwechselt werden. Sie ist ein Lippenblütler aus Amerika, wo das beliebte Teekraut von den Oswego-Indianern übernommen wurde.

Bei uns war sie bis vor kurzem nur als Zierpflanze bekannt. Es gibt Indianernesseln mit weißen, rosa und lila Blüten und unterschiedlich aromatischen Blättern. Man sollte daher, wenn man sie als Tee nutzen will, darauf achten, dass man jene Art bekommt, die herrlich scharlachrote Blüten hat und deren Blätter angenehm duften. Die mehltauresistente Sorte 'Squaw' ist zu empfehlen. Die Goldmelisse wird im Topf bis zu 60 cm hoch. Man kann sie gemeinsam mit Anisysop kultivieren, was eine wahre Farbenpracht ergibt. Die Kulturbedingungen sind ebenfalls dieselben wie die des Anisysop.

WIRKUNG UND VERWENDUNG:
Der Duft der Goldmelissenblätter ist Bergamott ähnlich. Die Oswego-Indianer verwen-

Goldmelisse, Indianernessel (Monarda didyma)

DAS BESONDERE REZEPT
❧

Goldmelissenblütensirup

3 l Wasser und 3 kg Zucker aufkochen, in das kochende Wasser einen halben Liter frische Blüten (das sind 120 g frische oder 30 g getrocknete Blüten) geben, 24 Stunden ziehen lassen, abseihen und 60 g Zitronensäurepulver dazugeben. Nochmals 24 Stunden ziehen lassen, öfters umrühren und kalt in Flaschen abfüllen. Nach diesem Rezept kann man auch Kräutersirup aus Minzen oder Melissenblättern herstellen. Verdünnt mit Mineralwasser gibt das ein erfrischendes Getränk.

deten den wohlschmeckenden Tee bei Erkältungen. Die Blätter und Blüten würzen Obstsalate und sind zudem dekorativ in Apfelgelee und Bowle.

Gundelrebe
Glechoma hederacea

BESCHREIBUNG UND KULTUR:
Eigentlich ist dieser Lippenblütler höchstens als „Unkraut", das in fast jedem
Garten wächst, bekannt.
Vor einigen Jahren wurde die
Gundelrebe aber auch als
Zierpflanze entdeckt. Sie bildet fast meterlange Triebe.
Nun wird sie, vor allem in
panaschierter Form, als
Strukturpflanze für die Fen-
sterkästenbepflanzung angeboten, um die Blüten mit
Blattgrün zu bereichern. Mit
ihren kaskadenartig herabhängenden Trieben ist die
Gundelrebe auch optimal zur
Bepflanzung von Ampeln
oder Hanging Baskets geeignet. Die Kultur ist sehr einfach – regelmäßig düngen
und feucht halten. Die Gundelrebe ist auch mit schattigen
Plätzen auf dem Balkon
zufrieden und ist verlässlich
winterhart.

WIRKUNG UND VERWENDUNG:
Angeboten wird die Gundelrebe in jedem Pflanzenmarkt,
doch kaum jemand weiß, dass
sie eine Heil- und Würzpflanze ist. In Kärnten bekommt
sie einen Extraplatz im
Garten, da sie eine wichtige
Würze für Rindssuppe ist.

Sparsam verwendet, da sie
einen sehr starken Geschmack
hat, passt sie zu Gemüse- und
Kartoffelsuppen und auch zu
Quarkaufstrichen. Für Win-
tervorrat lässt sie sich ohne
Geschmacksverlust auch
trocknen. „Gund" ist die

mittelalterliche Bezeichnung
für Eiter – das ätherische Öl
der Gundelrebe wirkt entzün-
dungshemmend. Menschen,
die sehr erkältungsanfällig
sind, sollten öfters ihr Süpp-
chen mit Gundelrebe wür-
zen.

Gundelrebe (Glechoma hederacea)

Wiesenknopf
Sanguisorba minor

BESCHREIBUNG UND KULTUR:
Diese Pflanze aus der Familie der Rosengewächse ist in Deutschland unter dem volkstümlich gebräuchlichen Namen „Pimpinelle" bekannt und ist daher ein Quell botanischer Verwechslungen. Es gibt nämlich eine Pflanze, die Große Bibernelle, deren botanischer Name *Pimpinella major* ist. Sie ist ein Doldenblütler und ihre Wurzel wird als Hustentee genutzt. Ihre Blätter sehen nur sehr entfernt denen des Wiesenknopfs ähnlich und sind nicht zum Würzen geeignet.

Als Gewürzkraut verwendet man dagegen den Wiesenknopf, dessen gefiederte, fein gezahnte Blätter einen nussgurkenähnlichen Duft haben. Seine grünen Blütenkugeln sind mit roten Pünktchen durchsetzt. Der Wiesenknopf kommt wildwachsend auf Trockenrasen vor, weshalb er, um sich mit Feuchtigkeit zu versorgen, lange Pfahlwurzeln entwickelt. Er braucht daher ausreichend tiefe Töpfe, darüber hinaus ist er äußerst anspruchslos. Wenn man regelmäßig Blätter ernten will, darf er nicht zu trocken stehen.

Die Pflanzen sind mit dem für Topfpflanzen notwendigen Winterschutz absolut winterhart, aber nicht sehr ausdauernd. Man muss also für ständigen Nachwuchs, am besten aus eigenem Saatgut, sorgen.

WIRKUNG UND VERWENDUNG:
Die Blätter können nur frisch verwendet werden und eignen sich für Saucen wie z.B. Sauce Vinaigrette oder die berühmte Frankfurter „Grüne Sauce" zu gekochtem Rindfleisch. Man kann „Pimpinelle" zum Würzen von Kräuteressig verwenden und feingehackt zu Quarkaufstrichen.

Getrocknet verlieren die Blätter das Aroma. Einfrieren ist nicht notwendig, da aus der Blattrosette im Winter Blättchen sparsam „naturgefroren" verwendet werden können.

Wiesenknopf (Sanguisorba minor)

Weinraute
Ruta graveolens

BESCHREIBUNG UND KULTUR:
Das Rautengewächs Weinraute ist in Südeuropa heimisch und dort als Würzpflanze auch sehr beliebt. Sie hat blaugrüne unpaarig gefiederte Blätter, die einen gewöhnungsbedürftigen Duft haben, der manche an Baumwanzen erinnert.

Die Pflanzen werden im Topf nicht viel höher als 60 cm, sie brauchen viel Sonne, nicht sehr viel Feuchtigkeit und müssen regelmäßig zurückgeschnitten werden, damit die Pflanze nicht verholzt. Ausreichender Winterschutz für die Töpfe ist notwendig.

WIRKUNG UND VERWENDUNG:
Die Weinraute wäre als Heilpflanze beim Prämenstruellen Syndrom (PMS) zu empfehlen, da sie sowohl krampflösend als auch harntreibend und entspannend wirkt.

Es ist jedoch insgesamt Vorsicht beim Gebrauch geboten. Sie führt bei vielen Menschen nur durch bloßes Angreifen zu einer allergischen Hautreaktion und bei Verwendung als Tee macht sie lichtempfindlich. Man sollte also Sonnenbäder nach dem Teegenuss vermeiden.

Würzen mit der Weinraute ist dennoch in entsprechenden Dosen zu empfehlen. Ihr Geschmack ergänzt wundervoll Getreidegerichte wie Aufläufe oder Laibchen.

Außerdem lindert ihr Wirkstoff Rutin Krampfadern.

Weinraute (*Ruta graveolens*)

Laucharten
Allium species

BESCHREIBUNG UND KULTUR:
Zu den wichtigsten Küchen-
gewürzen zählen edle Lilien-
gewächse, nämlich Lauch-
arten wie Zwiebel *(Allium
cepa)*, **Knoblauch** *(Allium
sativum)* und **Schnittlauch**
(Allium schoenoprascum).
Für die Topfkultur kann man
Schnittlauch sehr empfehlen
und auch Knoblauch *(Allium
sativum)* kann man im Topf
kultivieren. Am besten lässt
man ihn gemeinsam mit
Rosen wachsen, da er hilft,
Pilzerkrankungen wie Mehltau zu vermeiden. Wie bulga-
rische Untersuchungen zeigen, verstärkt er den Duft der
Rosen. Die Lauchfamilie hat
aber noch einige besondere
Vertreter anzubieten. Vom
Schnittlauch gibt es Arten,
die aus China stammen
(Allium tuberosum), deren
Blätter flach und nicht zylin-
drisch sind und zart nach
Knoblauch duften. Der **Chi-
nesische Schnittlauch** wird
unter verschiedenen Namen,
wie z.B. Knolau oder Schnitt-
knoblauch angeboten. Wer
bis in den Winter hinein
nicht auf frisches Lauchgrün
verzichten will, sollte entweder die **Winterheckenzwiebel** *(Allium fistulosum)* oder
die **Luftzwiebel** *(Allium cepa
var. proliferum)* kultivieren.
Die Winterheckenzwiebel ist
eine Verwandte des Schnitt-
lauches mit aufgeblasenen
Blütenstängeln. Die Luftzwiebel bildet statt einer Blüte
kleine Zwiebeln, die wiede-
rum austreiben. Beide Laucharten ziehen erst sehr spät
ein. Man kann sie nicht als
wintergrün bezeichnen, aber
bei besonderem Schutz der
Töpfe kann man noch lang in
den Winter hinein frisches
Grün ernten. Schnittlauch
und seine Verwandten lassen
sich gut in Töpfen kultivieren.
Sie brauchen ein nährstoffreiches Substrat, dem man
einen Langzeitdünger beige-
ben sollte und vertragen
auch einen halbschattigen
Standort. Regelmäßiges Gießen ist notwendig.

WIRKUNG UND VERWENDUNG:
Alle Laucharten enthalten
stoffwechselfördernde Senföl-

Schnittlauch (Allium schoenoprascum)

**DAS BESONDERE
REZEPT**

Bärlauchpesto
*Bärlauchblätter fein
schneiden oder durch den
Fleischwolf drehen. Mit
Öl und Salz vermischen
und in kleine Gläser
füllen. Bei der Entnahme
immer darauf achten,
dass das Öl über der
Paste steht.*

glykoside, dazu kommt ein hoher Gehalt an Vitaminen und Mineralstoffen, vor allem Eisen. Ihre antibakterielle Wirkung entfaltet sich auch im Darm, wo sie die Bildung einer gesunden Darmflora fördert. Freunden von Knoblauchgeschmack kann die Kultur von **Bärlauch** *(Allium ursinum)* angeraten werden. Diese Pflanze, die im Frühjahr ganze Wälder mit ihrem Duft erfüllt und angeblich die Bären aus dem Winterschlaf weckt, lässt sich durchaus im Topf kultivieren. Da sie nach der Blüte einzieht, tut man das sinnvollerweise in Gefäßen gemeinsam mit verschiedenen anderen Kräutern. Bärlauch eignet sich – ähnlich wie Knoblauch – als Unterkultur von Rosen.

Die positive Wirkung des Knoblauchs auf den Cholesterinspiegel ist bekannt, ebenso wie die des Bärlauchs auf die Blutgefäße. Die Schnittlaucharten lassen sich nicht trocknen. Auch Einfrieren ist nicht zufriedenstellend. Man sollte eher versuchen, durch Aufstellen der Töpfe in frostfreien Räumen den Kulturzeitraum auszudrehen.

Schnittlauch & Co. passen wunderbar aufs Butterbrot, zu Salaten, Suppen, Saucen, Quark und Eierspeisen.

Bärlauch (Allium ursinum)

Chinesischer Schnittlauch (Allium tuberosum)

Winterheckenzwiebel (Allium fistulosum)

Minzen

Mentha x piperita und andere

BESCHREIBUNG UND KULTUR:
Die Minzenarten zählen zu
den Lippenblütlern und sind,
da sie zur Hybridisierung
neigen, unzählbar. In den
meisten Ländern Europas findet man speziell zwei wild-
wachsende Arten: die Was-
serminze *(M. aquatica)* und
die Pferdeminze *(M. longifo-*

lia), aus denen irgendwann
zufällig die **Pfefferminze**
(Mentha x piperita) entstand,
die man als erstes in England
entdeckte.

England blieb auch lange Zeit
das Land, in dem Minzen
nicht nur als Tee, sondern
auch als Gewürz verwendet
wurden. Eine Ausnahme bildet Österreichs südlichstes
Bundesland Kärnten, in dem

eine Minzenart, botanisch
eher zu *Mentha x gentilis* zu-
ordenbar, unter dem Namen
Braune Minze oder **Nudelminze** traditionell als Spei-
senwürze zu Quarkgerichten
in jedem Küchengarten gezogen wird.

Die Vielfalt an Minzenarten,
wie sie von englischen Kräutergärtnern angeboten wird,
findet sich nun auch bei uns.
Das Angebot ist fast unüber-
schaubar geworden. Es wäre
zu empfehlen, sich bei Gärtnern durch die einzelnen
Arten durchzuriechen, um
die richtige Auswahl treffen
zu können. Beispielhaft
können nur einige empfeh-
lenswerte Minzen genannt
werden: Die sogenannte
Apfelminze (*M. rotundifolia*
'Bowles') wächst bis zu 60 cm
hoch und riecht nicht nur,
sondern schmeckt auch nach
Pfefferminz-Kaugummi.

Spearmint *(M. spicata)* wird
in England für die traditionelle
„Mint-Sauce" zum Hammel-
braten verwendet.

Die sogenannte **„Eau-de-Colo-
gne-Minze"** *(M. x piperita
sp.)* riecht nach Bergamotte
und eignet sich für erfrischende Sommertees oder zum
Ansetzen für Rasierwasser.

Braune Minze oder Nudelminze (Mentha x gentilis)

Die panaschierte **Ingwerminze** *(M. x gentilis variegatum)* würzt mit ihrem fruchtigen Geschmack Süßspeisen.

Wenn man seinen „Tigerbalsam" selbst herstellen möchte, braucht man die **Japanische Ackerminze** *(M. arvensis piperascens)*, die mentholreichste Minze.

Für sommerlich erfrischenden Minzentee könnte man **Krauseminzen** empfehlen, von denen es ebenfalls verschiedene Spielvarianten gibt.

Alle Minzenarten sollten, jede für sich, in relativ großen Gefäßen kultiviert werden, wenn man eine ausreichende Ernte wünscht. Sie brauchen humose Erde, ausreichend Feuchtigkeit und lieben Halbschatten.

WIRKUNG UND VERWENDUNG:
Die Heilwirkung der Pfefferminze ist dem Menthol, einem Bestandteil des ätherischen Öls, zuzuschreiben. Es wirkt kühlend auf Nerven und infolgedessen beruhigend auf die Magenschleimhautnerven. Daher hilft Pfefferminztee bei allen Magenerkrankungen, die mit Übelkeit und Erbrechen einhergehen.

Alle anderen Minzenarten enthalten kaum Menthol und sind daher als aromatische Tees zu empfehlen.

Eine erfrischende, kühlende Wirkung ist allen Minzen zuzuschreiben, weshalb sie als Gewürz gerne in Ländern mit hohen Temperaturen verwendet werden. Minze passt zu Gemüse wie Karotten oder Erbsen, zu Gurkensalat und Quarkspeisen.

Krause Form der Spearmint (M. spicata var. crispa)

Nicht winterharte Kräuter

Rosmarin
Rosmarinus officinalis

BESCHREIBUNG UND KULTUR:
Der Lippenblütler aus dem Mittelmeerraum ist in unseren Breiten nicht winterhart. Es werden zwar immer wieder Sorten angeboten, die besonders tiefe Temperaturen aushalten sollen, doch darauf ist meist kein Verlass. Der Rosmarin wächst als kleiner Strauch mit nadelähnlichen Blättern, der auch im Topf bis zu 1 m hoch werden kann und – bei frostfreier Überwinterung – ab Jänner blüht. Es gibt Varietäten mit kriechendem Wuchs, die man als Ampelpflanzen halten kann, wie *R. off.* 'Prostratus'. Reizvoll sind auch weißblühende Arten. Es ist einfacher, sich eine Pflanze zu beschaffen, als sie aus Samen zu ziehen. Die Vermehrung erfolgt durch Stecklinge. Probleme gibt es häufig beim Überwintern. Rosmarin braucht einen kühlen, hellen Raum, aber vor allem ausreichend Luftfeuchtigkeit. Wenn man solche Bedingungen nicht schaffen kann, empfiehlt es sich, im Spätherbst Stecklinge zu bewurzeln, die auch auf einer warmen Fensterbank überwintern können. Regelmäßiges Abknipsen der Triebspitzen fördert einen buschigen Wuchs.

WIRKUNG UND VERWENDUNG:
Rosmarin hat anregende, herzstärkende Wirkung. Als Tee hilft er bei niedrigem Blutdruck. Der Duft von Rosmarin wirkt konzentrationsfördernd und vor allem gedächtnisstärkend, wie schon Sokrates wusste, der seine Schüler beim Lernen Rosmarinkränze tragen ließ. Vielleicht ist dies auch der Grund, warum im Osten von Österreich Männern bei der Hochzeit ein Rosmarinzweig ins Knopfloch gesteckt wird. Rosmarin gehört als Würze zu Tomaten und ganz allgemein zu mediterranen Speisen. Hervorragend passt er zu Hähnchen und gegrilltem Fleisch.

Rosmarin (Rosmarinus officinalis)

Rosmarin in voller Blüte

Lorbeer
Laurus nobilis

BESCHREIBUNG UND KULTUR:
In seiner südlichen Heimat wächst der Lorbeer, der zur Familie der Lorbeergewächse gehört, als Baum. Im Kübel kann er auch als kleines Bäumchen kultiviert werden, was sehr dekorativ wirkt. Will man aber reichlich Blätter ernten, ist es besser, ihn buschig zu ziehen.

Die Pflanzen brauchen kräftige, nährstoffreiche Erde. Im Sommer sollte er unbedingt im Freien an einem sonnigen Platz stehen und reichlich gegossen und gedüngt werden. Man überwintert den Lorbeer hell und kühl (nach Möglichkeit nicht über 10°C). Auch im Winter ist leichtes Gießen vonnöten. Im Frühjahr sollte man ihn vor Beginn des neuen Triebes zurückschneiden. Dabei fallen Stecklinge an, die aber nicht leicht zu bewurzeln sind.

WIRKUNG UND VERWENDUNG:
Lorbeer war in der Antike heilig. Griechen und Römer schätzten ihn und flochten ihren Helden und Göttern Kränze aus Lorbeerzweigen. In unserem Sprachgebrauch findet man noch Ausdrücke wie „Lorbeeren ernten". Lorbeer war seit jeher als magenstärkende Medizin anerkannt.

In der modernen Naturheilkunde wird „Lorbeeröl" aus den Beeren bei Zerrungen und Muskelbeschwerden verwendet. Die Blätter des immergrünen Lorbeer können das ganze Jahr über frisch gepflückt, sollten aber ein bis zwei Tage getrocknet werden, damit sie die Bitterstoffe verlieren.

Lorbeerblätter eignen sich zu Suppen, Wildbeizen, Marinaden, Fisch, Ragouts und zum Einlegen von Gurken.

Lorbeer (Laurus nobilis)

Basilikum
Ocimum basilicum

BESCHREIBUNG UND KULTUR:
Basilikum gehört zu den Lippenblütlern, stammt aus Indien und ist dort ein ausdauerndes Kraut. Bei uns wird es üblicherweise einjährig gezogen und ist daher auch bei warmer Überwinterung nicht mehr ausdauernd.

Von Basilikum gibt es viele Arten, die alle wert sind, kultiviert zu werden. In unserem Klima haben sich zwei Arten besonders bewährt: das großblättrige Basilikum, das äußerst robust ist, und das kleinblättrige, das niedriger bleibt und ein stärkeres Aroma hat. Allerdings ist es nicht so widerstandsfähig. Ein kühl-feuchter Sommer kann dazu führen, daß diese Art sich im Freien nicht voll entwickeln kann.

Basilikum kann man sehr leicht selbst aus Samen heranziehen, wenn man beachtet, daß es ein Lichtkeimer ist. Ab März ausgesät, kann man es auf warmen Fensterbänken vorkultivieren. Die Sämlinge erscheinen sehr schnell. Beim Pikieren pflanzt man einige Setzlinge in Büscheln in den Topf. Basilikum braucht humose, nährstoffreiche Erde und sollte regelmäßig gedüngt werden. Da es frostempfindlich ist, darf es erst nach den Eisheiligen ins Freie gestellt werden und benötigt dann den sonnigsten Platz. Ist der Sommer kühl und regnerisch, kann man es getrost ins Zimmer nehmen und auf die Fensterbank stellen. Das empfiehlt sich auch, wenn im Herbst die Temperaturen sinken. Um

bis in den Winter hinein frisches Basilikum ernten zu können, muss man verhindern, daß es zur Blüte kommt. Das ist ganz einfach, wenn man Triebe, die zu blühen beginnen, zum Würzen verwendet.

Es gibt auch einige Arten, die verlässlich ausdauernd sind, wie *Ocimum gratissimum*, das nach Gewürznelken riecht. Das Basilikum 'African Blue', eine Kreuzung mit *O. kilimandscharicum*, ist auch ausdauernd, hat aber einen herberen Geschmack.

Sowohl als Saatgut als auch als Pflanzen bekommt man auch zitronenduftendes und rotblättriges Basilikum sowie *Ocimum sanctum*, das Heilige Basilikum, das in Indien überall wild wächst und mit seinem Geruch nach Gewürznelken mit Reis mitgedünstet werden kann.

WIRKUNG UND VERWENDUNG:
Im Ayurveda ist Tulsi, das Basilikum, eine wichtige Heilpflanze, die das Herz und den Geist öffnet. Die Duftforschung hat bestätigt, daß Basilikum die Gehirntätigkeit anregen kann. Als Würze ist Basilikum gleichbedeutend mit Mittelmeerküche. Von Tomatensaucen zu Spaghetti, Auberginengerichten über Hammelbraten bis Fisch ist Basilikum unverzichtbar. Für Vorrat im Winter kann man es trocknen. Eine berühmte Spaghettiwürze ist Pesto, eine Pasta aus Basilikum, Knoblauch, Olivenöl und Parmesan.

► *Basilikum (Ocimum basilicum),*
die großblättrige Art

Mexikanische Salbeiarten

Salvia rutilans, elegans, dorisiana, gesneraefolia etc.

BESCHREIBUNG UND KULTUR:
Aus dem Hochland von Mexiko stammt eine Reihe von Salbeiarten, die sich dadurch auszeichnen, dass ihre Blätter einen fruchtigen Geruch und Geschmack haben.

Salvia rutilans wird „Pineapple Sage" genannt, weil der Duft ihrer Blätter tatsächlich an Hawaii-Ananas erinnert. *Salvia greggii* duftet nach Grapefruit und *S. dorisiana* riecht wie Fruchtsalat. Im Wuchs erinnert dieser Salbei fast an die Zimmerlinde, die ebenfalls große, herzförmige Blätter entwickelt. Alle mexikanischen Salbeiarten blühen rot bis dunkelrosa und bei optimaler Überwinterung auch den ganzen Winter hindurch. Der Platz im Winter sollte unbedingt hell und eher kühl sein, also 15 °C oder wenig darüber.

WIRKUNG UND VERWENDUNG:
Die Inhaltsstoffe der mexikanischen Salbeiarten sind bislang kaum bekannt. Der Tee aus den Blättern ist angenehm erfrischend und der fruchtige Duft würzt Obstsalate und auch andere Süßspeisen. Da der Duft beim Trocknen gut erhalten bleibt, sind Salbeiblätter auch für Potpourris zu verwenden.

Mexikanischer Salbei (Salvia dorisiana)

Mexikanischer Salbei (Salvia elegans)

Zitronenverbene
Aloysia triphylla, syn. Lippia triphylla/citriodora

BESCHREIBUNG UND KULTUR:
Dieses Eisenkrautgewächs stammt aus Südamerika. Der botanische Name ist auf eine Habsburger Prinzessin namens Aloisia zurückzuführen, die nach Chile heiratete.

Die Zitronenverbene ist ein Strauch, der auch im Topf über 1 m hoch wachsen kann und dessen lanzettähnliche Blätter intensiv nach Zitrone riechen.

Das „Luiserlkraut", wie sie im Osten Österreichs genannt wurde, ist anspruchslos, aber dankbar für regelmäßiges Gießen und Düngen. Die Pflanzen sollten sehr sonnig stehen. Regelmäßiges Abknipsen der Triebspitzen bringt nicht nur Blätter für frischen Tee, sondern auch buschigen Wuchs. Das ist besonders wichtig, da die Pflanze mit zunehmendem Alter sparrig wird.

Stecklinge bewurzeln sehr leicht. Überwintern sollte man die Aloysie kühl. Es darf auch finster sein, dann verliert sie jedoch alle Blätter.

WIRKUNG UND VERWENDUNG:
In Frankreich, wo die Zitronenverbene winterhart ist, wird sie als Tee sehr geschätzt. Man schreibt ihr sogar eine positive Wirkung gegen Migräne zu. Als Gewürzkraut kann man sie überall dort verwenden, wo ein zitroniger Duft gewünscht wird, wie beispielsweise in Obstsalaten und Gelees.

Zitronenverbene (Aloysia triphylla, syn. Lippia triphylla/citriodora)

Duftpelargonien

Pelargonium graveolens, radens & Co.

BESCHREIBUNG UND KULTUR:
Diese sehr beliebten Pflanzen für das Fensterkistchen an der Hausfassade sind meist noch immer unter dem falschen Namen „Geranien" bekannt.

Die Familie der Geraniaceen, die sogenannten Storchschnabelgewächse, umfasst mehrere Pflanzengattungen, darunter die durch ihre unterschiedliche Blütenform sehr verschiedenen Gattungen *Geranium* und *Pelargonium*.

Gemeinsam ist ihnen allen, dass ihre Samenstände Tierschnäbeln ähneln, daher die Namen. Allerdings haben sich hier einige Fehler eingeschlichen, da „geranos" auf Griechisch Kranich heißt, und eigentlich „pelargos" Storch bedeutet.

Die richtigen Geranien sind wunderschön blühende, winterharte Stauden, die jeden Garten bereichern. Die Gattung *Pelargonium* stammt großteils aus Südafrika, wo zahlreiche Vertreter als Sträucher oder Halbsträucher mit aromatischen Blättern wachsen. Diese Pelargonien sind bei uns seit einiger Zeit unter dem Namen Duftpelargonien bekannt. Da sie nicht winterhart sind, eignen sie sich für Zimmerkultur, sollten aber den Sommer auf einem vollsonnigen Balkon verbringen können. Sie brauchen je nach Wuchsform ausreichend große Gefäße, müssen regelmäßig, aber nicht zu intensiv gegossen werden und sind für zeitweilige Düngergaben dankbar.

Die Duftnoten reichen von zitronig (zum Beispiel *P. crispum*, *P.* 'Mable Grey', *P.* 'Queen of Lemons'), rosig (*P. graveolens*, *P. capitatum*, vor allem *P.* 'Attar of Roses', *P. radens*), apfelartig *(P. odoratissimum)*, minzenartig *(P. tomentosum)*, bis zu schwer definierbaren Düften *(P. quercifolium* und Hybriden).

WIRKUNG UND VERWENDUNG:
Duftpelargonien haben einen hohen Anteil an Geraniol, sodass ihr ätherisches Öl – fälschlicherweise als „Rosen-

Duftpelargonie (Pelargonium 'Queen of Lemons')

geranienöl" bezeichnet – in der Wirkung demjenigen der Rose ähnlich ist. Ihr Duft hat harmonisierende Wirkung und dient als Regulans sowohl bei zu hohem als auch zu niedrigem Blutdruck, schafft Ausgleich im Hormonhaushalt und hilft vor allem in Stresssituationen.

In Kärnten wird *Pelargonium radens* seit Generationen als „Rosenkraut" von Mutter zu Tochter vererbt, um auf heiratsunwillige Bräutigame „harmonisierend" einzuwirken.

Duftpelargonienblätter eignen sich auch zum Würzen von Fleisch- und Fischspeisen und vor allem Süßspeisen wie Fruchtsalaten oder Kuchen.

Duftpelargonien haben viele unterschiedliche Blattformen.

DAS BESONDERE REZEPT

Pelargonienbiskuit

6 Eier, 120 g Mehl, 160 g Staubzucker, Pelargonienblätter von Pelargonium graveolens. Das eingefettete Blech mit Pelargonienblättern belegen. Die Eier mit dem Zucker schaumig rühren, dann das Mehl vorsichtig unterziehen. Diese Masse auf dem Blech verteilen und backen. Das Biskuit am besten mit Aprikosenmarmelade füllen. Die eingebackenen Pelargonienblätter lassen die Mehlspeise wundervoll duften.

Exotische Kräuter

Kardamom
Elettaria cardamomum

BESCHREIBUNG UND KULTUR:
Der Kardamom ist eine tropische Pflanze, die vor allem in Indien und Malaysia kultiviert wird, um die Früchte zu ernten. Diese werden dann im Ganzen oder häufiger gemahlen als Gewürz angeboten. Die Kardamompflanze entwickelt aus einem kräftigen Wurzelstock etwa 60 cm lange, spitz-ovale, dunkelgrüne Blätter, die nicht nur attraktiv sind, sondern auch intensiv duften. Aus diesem Grund wird Kardamom sehr häufig als Zimmerpflanze gezogen. Ein weiterer Grund liegt in der absoluten Anspruchslosigkeit dieser Pflanze. Sie gedeiht noch bei dürftigsten Lichtverhältnissen, verträgt aber auch einen hellen Standort. Sogar Räume mit wenig Luftfeuchtigkeit, wie in zentralgeheizten Räumen üblich, stellen sie zufrieden. Einzig den Drang, sich auszubreiten, muss man berücksichtigen, indem man als Pflanzengefäße eher breite Schalen wählt.

WIRKUNG UND VERWENDUNG:
Kardamom ist ein äußerst heilsames Gewürz. Unter dem Begriff Roemheld-Syndrom versteht man einen aufgeblähten Gasdarm, der durch den Druck auf das Zwerchfell Herzbeschwerden verursachen kann. Diese Krankheit kann mit Kardamom, sei es als Tee oder Gewürz, wirkungsvoll beeinflusst werden. Außerdem wird dem Kardamom aphrodisierende Wirkung zugeschrieben. Sicher nicht zufällig ist der Gebrauch dieses Gewürzes in manchen Ländern so hoch.

Bei Zimmerkultur kann man nur Blätter ernten. Feingeschnitten würzen aber auch sie alle exotischen Gerichte.

Kardamom (Elettaria cardamomum)

Ingwer
Zingiber officinale

BESCHREIBUNG UND KULTUR:
Die Heimat des Ingwer ist wahrscheinlich Polynesien, er wird aber in allen tropischen Ländern kultiviert.

Aus einem dicken Wurzelstock entspringen zahlreiche Stängel mit schilfartigen Blättern, die bis zu 1 m hoch werden können. Da man im Handel ständig frische Wurzeln bekommt, ist es nicht nötig, ihn selbst zu kultivieren. Die Kultur ist aber sehr einfach. Man pflanzt die Rhizome in möglichst breite, aber eher flache Gefäße, damit sich der Wurzelstock leicht ausbreiten kann, und bedeckt ihn nur wenig mit Erde. Bis sich die ersten Blattstängel zeigen, muss man regelmäßig, aber vorsichtig gießen.

Der Ingwer liebt Wärme und ist daher mit Zimmertemperaturen sehr zufrieden. Im Winter ruht er, weshalb man während dieser Zeit nur wenig gießen darf.

WIRKUNG UND VERWENDUNG:
Ingwer wird nicht nur als Gewürz, sondern auch als Heilpflanze genutzt. In der Traditionellen Chinesischen Medizin betrachtet man ihn als wärmendes Mittel und empfiehlt ihn bei Krankheiten mit Kälte im Bauch wie Reisekrankheit oder Grippe mit Schüttelfrost. Die Wirkung gegen „motion sickness", also Übelkeit durch Reisen, ist mittlerweile wissenschaftlich bestätigt. Ingwer kann man aus der frischen Wurzel als Tee zubereiten. Als Gewürz passt er natürlich zu exotischen Gerichten – zum Beispiel in Fleischragouts zu Reis. In unseren Breiten sind die weihnachtlichen Ingwerkekse durchaus beliebt.

In England wird er Chutneys beigegeben, oder als „Gingerwine" mit Whiskey serviert.

Ingwer (Zingiber officinale)

Zimmerknoblauch
Tulbaghia violacaea

BESCHREIBUNG UND KULTUR:
Bis vor kurzem war dieses Liliengewächs nur Pflanzenkennern geläufig. Weit bekannter ist der botanisch nahe Verwandte *Agapanthus*, der eine große Tradition als Kübelpflanze hat. *Tulbaghia* stammt wie *Agapanthus* aus Südafrika und kann ähnlich kultiviert werden. Im Sommer liebt sie einen sonnigen Platz auf der Terrasse, überwintern kann man sie im Zimmer. Sie dankt ihre Kultur durch reiches Erscheinen von zartlila Blüten fast das ganze Jahr hindurch. Die Blätter sind 30 cm lang, sehr schmal und erinnern an den Chinesischen Schnittlauch. Da sie außerdem ebenso zart nach Knoblauch duften, haben findige Kräutergärtner *Tulbaghia* unter dem Namen Zimmerknoblauch ins Angebot genommen. Ihre Haltung kann Knoblauchliebhabern, die nur eine Fensterbank zur Verfügung haben, empfohlen werden.

WIRKUNG UND VERWENDUNG:
Über die Inhaltsstoffe ist wenig bekannt. Der Knoblauchduft ist jedoch sicher auf Senfölglykoside zurückzuführen. Somit spricht nichts dagegen, *Tulbaghia* wie Chinesischen Schnittlauch feingehackt aufs Butterbrot, in Saucen, Aufstriche oder auf Suppen zu geben.

Eine zu intensive Verwendung als Küchengewürz sollte allerdings nicht erfolgen.

Zimmerknoblauch (Tulbaghia violacaea)

Zitronengras
Cymbopogon citratus

BESCHREIBUNG UND KULTUR:
Diese Grasart, deren bis zu
1 m lange, schmale Blätter
intensiv nach Zitrone duften,
wird zur Gewinnung des
ätherischen Öles hauptsächlich in Indien angebaut.

Es gibt verschiedene duftende
Grasarten, wie zum Beispiel
Vetivergras, bei dem die Wurzeln duften. Das Zitronengras
ist eine Kultursorte, die nicht
zum Blühen kommt und
daher nur durch Teilung ver-
mehrt werden kann.

Spezialisierte Kräutergärtnereien bieten auch andere
Arten wie **Zitronellagras**
(Cymbopogon nardus) oder
Palmarosagras *(C. martini)*
an. Die Kultur ist für alle
gleich – sie sind als Zimmerpflanzen einfach zu halten,
benötigen aber einen hellen
Platz. Alle Gräser sind stick-
stoffliebende Starkzehrer,
daher sollte man auch das
Zitronengras regelmäßig düngen und ausreichend gießen.

WIRKUNG UND VERWENDUNG:
Das ätherische Öl, das unter
dem Namen „Lemon Grass"
bekannt ist, hat mit seinem
zitronigen Duft eine sehr

Zitronengras (Cymbopogon citratus)

erfrischende Wirkung. Ähnli-
ches kann man auch vom Tee
erwarten, den man aus den
Blättern macht. Er wirkt anre-
gend bei Müdigkeit und Kon-
zentrationsschwäche und
hilft auch bei Kopfweh und
Schnupfen. Unter dem

Namen Sereh ist Zitronengras
ein wichtiges Gewürz in der
indonesischen Küche. Man
kann es aber nicht nur für
exotische Gerichte verwenden,
sondern überall dort, wo
Zitronengeschmack als Würze
für Speisen empfohlen wird.

Chili & Co.

*Capsicum frutescens und
Piper-Arten*

BESCHREIBUNG UND KULTUR:
Obwohl beide scharf sind,
sind Chili und Pfeffer botanisch verschiedene Pflanzen.
Das aus den Chilischoten
gewonnene Gewürz wird
auch irreführend Cayenne-
pfeffer genannt. Die Pflanze
ist mit unserem Gemüsepapri-
ka nahe verwandt, es gibt sie
ausdauernd und einjährig,
und sie kommt in unzähligen
Varietäten vor. Ein amerikani-
scher Samenkatalog bietet an
die hundert Samen verschie-
dener Schärfegrade an. Als
Saatgut kann man aber ganz

einfach auch
von getrockne-
ten Chilischoten
Samen entneh-
men. Die Samen
werden auf der
Fensterbank vor-
kultiviert, die
Pflänzchen kön-
nen den Sommer
über im Freien stehen.
Ab dem Spätsommer ent-
wickeln sich dann die hüb-
schen Früchte.

Der tropische Pfeffer verlangt
zur Entwicklung der Früchte
nicht nur sehr hohe Temperaturen, sondern auch viel Luftfeuchtigkeit. Seine Kultur am
Fensterbrett ist nur experimen-

„Hoja Santa" (Piper auritum)

tierfreudigen Zimmergärtnern
zu empfehlen, auch wenn
mittlerweile sogar Pflanzen
angeboten werden.

Eine Pfefferart aus Mexiko
mit großen, herzförmigen
Blättern, *Piper auritum*, die
unter dem Namen „Hoja
Santa" angeboten wird, ist
jedenfalls einen Versuch
wert. Hoja Santa ist mit Zimmerkultur sehr zufrieden,
kann aber auch als Kübel-
pflanze im Sommer draußen
stehen. Regelmäßiges Dün-
gen ist anzuraten.

WIRKUNG UND VERWENDUNG:
Chilischoten können frisch
oder getrocknet mitgekocht
werden und sorgen für kreis-
laufanregende Schärfe. Von
Hoja Santa verwendet man
die Blätter für Fleisch- und
Fischgerichte. Kleingeschnit-
tene Blätter verleihen aber
auch Saucen einen pikanten,
feurigen Reiz.

Chili (Capsicum frutescens)

Aloe
Aloe vera

Meerzwiebel
Ornithogalum caudatum,
syn. O. longibracteatum

BESCHREIBUNG UND KULTUR:
Beide Pflanzen waren so populär, dass sie früher fast auf jeder Fensterbank, vor allem in bäuerlichen Haushalten, zu finden waren. Die Aloe hat neuerdings wieder einen Aufschwung erlebt. Die Art, aus der Schönheitsmittel hergestellt werden, ist die *Aloe vera,* syn. *barbadensis,* die aus Westindien stammt. Die Pflege ist denkbar einfach, wie bei allen sukkulenten Pflanzen: eine sonnige Fensterbank. Im Sommer darf sie auch im Freien stehen. Nicht zu viel gießen! Die sogenannte Meerzwiebel war auch in vielen Bauern-

häusern zu finden. Will man sie heute erstehen, muss man erst klären, um welche Meerzwiebel es sich handelt, da eine Verwechslung tödliche Folgen haben kann. Die Meerzwiebel der bäuerlichen Fensterbank ist ein Liliengewächs aus Südafrika, dessen Verwandtschaft mit unserem heimischen Milchstern bei den Blüten erkennbar wird. Auf keinen Fall verwechseln, vor allem bei der Verwendung, sollte man sie mit der Meerzwiebel aus Italien, *Urginea maritima.* Ihr Gift kann nämlich tödlich sein! Es enthält herzwirksame Glykoside. Die südafrikanische Meerzwiebel hat deutlich längere, leicht überhängende Blätter. Die Kultur auf der Fensterbank ist wie die der Aloe, sie muss allerdings öfter gegossen werden.

Meerzwiebel (Ornithogalum caudatum)

Verwechslungen der Meerzwiebel – Ornithogalum caudatum mit Urginea maritima (im Bild) können tödlich enden.

WIRKUNG UND VERWENDUNG:
Beide Pflanzen enthalten Schleimstoffe in ihren Blättern, die bei leichten Verbrennungen, Insektenstichen und auch Hautentzündungen hilfreich sind. Beide nutzt man einfach und schnell, indem man ein Blatt abreißt und die betroffene Stelle damit einreibt.

◄ *Es gibt viele Aloe-Arten, die man wie Aloe vera verwenden kann.*

Mottenkönig

Plectranthus und Coleus-Arten

BESCHREIBUNG UND KULTUR:
Botanisch nicht ganz genau bestimmbar sind einige Pflanzen, die sich problemlos auf der Fensterbank kultivieren lassen und bei denen die leiseste Berührung den ganzen Raum duften lässt. Da sie mit ihren samtigen Blättern und den langen Blütenranken, die sie entwickeln, zudem sehr dekorativ sind, kann man ihre Kultur begeisterten Zimmergärtnern nur empfehlen. *Coleus amboinicus* ist ein Lippenblütler, der im tropi-

schen Asien zu Hause ist. Er hat weiche, fleischige Blätter, deren Duft an Thymian erinnert. Von ihm gibt es auch eine weißgeränderte Art.
Als „Menthol Plant" tauchte eine *Plectranthus*-Art beim kanadischen Gärtner Richter auf, der das weltweit größte Angebot an Kräutern hat. Die weich behaarten Blätter riechen tatsächlich nach Menthol.

Eine andere Form taufte Richter „Vick's Plant", da ihr Eukalyptusduft an Brustbalsam erinnert, eine weitere Art nennt sich „Cuban Oregano", da ihr Duft an Oregano erinnert. Gemeinsam ist

allen, dass sie sehr leicht zu kultivieren sind und es nicht übel nehmen, wenn man einmal vergisst zu gießen. Stecklinge bewurzeln sogar, wenn sie irgendwo liegen.

WIRKUNG UND VERWENDUNG:
Ob man diese Duftpflanzen in irgendeiner Form medizinisch nutzen kann, ist fraglich. Von *Coleus amboinicus* weiß man, daß in Indonesien die Frauen nach dem Baden ihr Haar damit einreiben. Es duftet gut und hält möglicherweise Insekten fern.

Als Würze zu Fisch sind die Blätter einen Versuch wert.

Cuban Oregano und Vick's Plant (Plectranthus) in einem Topf

Coleus amboinicus

Patschuli
Pogostemon cablin

BESCHREIBUNG UND KULTUR:
An den Duft von Patschuli
können sich vor allem Leute,
die die Hippiezeit der 70er
Jahre erlebt haben, erinnern.
Doch kaum jemand kennt die
Pflanze, aus deren Blättern
das ätherische Öl gewonnen
wird.

Patschuli ist ein Lippenblütler,
der in Indien heimisch ist.
Manche Großmütter können
sich vielleicht an sie erinnern,
weil sie als pflegeleichter Lie-
ferant von Blättern für Motten-
säckchen früher in vielen
Haushalten gezogen wurde.
Gute Kräutergärtnereien bieten Patschulipflanzen wieder
an und es lohnt sich wirklich,
die Pflanze zu kultivieren.
Sie ist zwar nicht besonders
dekorativ, aber bescheiden.
Sie gibt sich auch mit weniger hellen Plätzen zufrieden
und bringt dort fernöstlich
duftendes Grün. Regelmäßig
gießen, hin und wieder düngen und manchmal zurück-
schneiden, ist alles, was zur
Kultur zu bemerken ist.

WIRKUNG UND VERWENDUNG:
Heilsam ist an Patschuli
primär der Duft, der mit
seiner zart modrigen Note
erdend bei Ängsten und
Depressionen wirkt.

Die Blätter könnte man auch
für kosmetische Anwendun-
gen, z.B. Teekompressen fürs
Gesicht bei müder, trockener
Haut, nützen. Da Motten den
Duft nicht mögen, eignen sich
Patschuliblätter in Duftsäck-
chen für den Wäschekasten.
In Dufttöpfen hilft er, den
Duft lange zu bewahren.

Patschuli (Pogostemon cablin)

Gotu Kola
Hydrocotyle asiatica,
syn. Centella asiatica

BESCHREIBUNG UND KULTUR:
Diese Heilpflanze stammt aus Indien und gehört zu den Doldenblütlern, erinnert aber mit ihren rundlichen Blättern und ihrem kriechenden Wuchs an die Gundelrebe.

Durch die Popularität von Therapieformen wie Ayurveda oder Traditioneller Chinesischer Medizin werden exotische Heilpflanzen auch bei uns zunehmend bekannt. Ob es sinnvoll ist, sie selber zu kultivieren, hängt unter anderem davon ab, wie schwierig sie in der Kultur sind. Gotu Kola kann als Zimmerpflanze empfohlen werden, wenn man beachtet, dass sie als Sumpfpflanze viel Feuchtigkeit braucht. Der kriechende Wuchs fordert Gefäße, in denen sie sich ausbreiten kann. Auch als Ampelpflanze kann man Gotu Kola halten. Sie sollte von Zeit zu Zeit gedüngt werden.

WIRKUNG UND VERWENDUNG:
In Indien ist Gotu Kola eine legendäre Pflanze, der man eine stark verjüngende Wirkung zuspricht, vor allem auf Männer. Sogar Haarausfall soll sie stoppen können. Im Ayurveda verwendet man sie als nervenstärkendes Mittel, ähnlich dem Ginseng.

Wissenschaftlich eindeutig bestätigt ist die positive Wirkung des Krautes auf die Haut, vor allem bei schlecht heilenden Wunden.

Ein bis zwei Blätter täglich im Salat oder feingehackt aufs Butterbrot sollen, wenn nicht verjüngend, so zumindest gedächtnisstärkend wirken.

Gotu Kola (Hydrocotyle asiatica, syn. Centella asiatica)

Süßkraut
*Stevia rebaudiana
und Lippia dulcis*

BESCHREIBUNG UND KULTUR:
Das Eisenkrautgewächs *Lippia dulcis* ist mittlerweile unter dem Namen Aztekisches Süßkraut bekannt geworden, da die süßende Wirkung ihrer Blätter angeblich schon den Azteken bekannt war.

Die Pflanze bildet im Topf einen kleinen Strauch mit herabhängenden Trieben und zart duftenden, weißen Blüten. Sie lässt sich ganzjährig im Zimmer an einem hellen Platz kultivieren. Ein im Freien verbrachter Sommer ist wachstumsfördernd. Von Zeit zu Zeit sollte die Pflanze zurückgeschnitten werden, damit sie nicht zu sehr verholzt.

Der Korbblütler *Stevia rebaudiana*, das Süßkraut aus Paraguay, ist dort das traditionelle Süßungsmittel für Matetee. Der Wuchs ist ähnlich wie jener der *Lippia*, mit lang überhängenden Trieben. Im Winter kann man die Pflanze einziehen lassen, wobei sie sehr trocken gehalten werden muss. Es ist aber genauso möglich, sie ganzjährig zu kultivieren, vor allem im Zimmer, wenn sie hell steht. Sie sollte ebenfalls öfters zurückgeschnitten werden.

WIRKUNG UND VERWENDUNG:
Die süßende Wirkung der Stevia geht auf das Glykosid Steviosid zurück. Bei der *Lippa dulcis* dürften ebenfalls Glykoside dafür verantwortlich sein. Ein bis zwei Blätter beider Pflanzen süßen eine Kanne Tee - und das ohne Kalorien. Allerdings ist der Geschmack etwas aufdringlich, ähnlich wie bei chemischen Süßstoffen. Vor zu intensivem Gebrauch soll hier gewarnt werden, da das gesamte Wirkspektrum von *Stevia rebaudiana* und *Lippia dulcis* noch zu wenig bekannt ist.

Süßkraut (Stevia rebaudiana)

Heilkräuter

Eibisch
Althaea officinalis

BESCHREIBUNG UND KULTUR:
Der Eibisch ist ein Malvengewächs, das eine lange Pfahlwurzel entwickelt und bis über einen Meter hoch werden kann. Seine Blätter sind grau und samtigweich, die Blüten zartrosa. Aus dieser Beschreibung geht hervor, dass Eibisch in Topfkultur tiefe Gefäße braucht und meist Stützen, um ein Umfallen der hochwachsenden Pflanze zu verhindern. Man kann ihn selber aus Samen ziehen. Sie werden im März am Fensterbrett unter üblichen Bedingungen vorkultiviert. Als Substrat braucht er nährstoffreiche Erde. Regelmäßiges Gießen und ein windgeschütztes, sonniges Eck fördern sein Wachstum. Im Spätherbst werden die Pflanzen bodennah abgeschnitten.

WIRKUNG UND VERWENDUNG:
Üblicherweise werden in der Kräuterheilkunde die Wurzeln verwendet. Reizmildernde Schleimstoffe finden sich aber auch in den Blättern und Blüten. Aus diesen kann man einen Tee zubereiten, den man eine Stunde kalt ziehen lassen muss. Im Anfangsstadium einer Erkältung hilft er, das Kratzen im Hals zu beseitigen. Es ist daher ratsam, im Sommer, wenn der Eibisch zu blühen beginnt, Blätter und Blüten zu ernten und für den Winter zu trocknen. Zubereitungen als Tee oder in Alkohol (siehe Rezept Rose) dienen auch der Schönheit. Eibischblätter sind ein ideales Mittel bei trockener, müder, alternder Haut.

Eibisch (Althaea officinalis)

Lavendel
Lavandula angustifolia

BESCHREIBUNG UND KULTUR:
Der Lippenblütler aus dem Mittelmeerraum wächst am liebsten auf steinigen, trockenen Plätzen. Der Halbstrauch kann bis zu 60 cm hoch werden. Lavendel hat silbrig-graugrüne, schmale Blätter mit blauen Blüten. Er neigt zum Verholzen und ist dann nicht sehr langlebig.

Ein Tipp aus der Provence, wo Lavendel feldmäßig angebaut wird: Bei der Blütenernte schneidet man die Stiele unter dem ersten Blattpaar nach der Blüte ab. Bei dieser Behandlung wachsen die Büsche dicht und treiben noch von unten durch. Im Frühjahr werden dann nur mehr die verholzten Triebe entfernt.

Lavendel wird gerne zu Rosen gepflanzt, da er die Mehltauresistenz der Rosen fördert. Die Kalkversorgung im Substrat der Rosen würde ihm ebenfalls zusagen, weniger mag er das intensive Gießen. Bei entsprechender Vorsicht ist es aber empfehlenswert, sie gemeinsam wachsen zu lassen. Von Kräutergärtnern werden viele Arten und Sorten angeboten. *L.* 'Hidcote Blue' hat dunkelblaue Blüten, *L.* 'Lodden Pink' rosa Blütenähren. Es gibt Arten mit silbrigen Blättern, *L.* 'Silver Frost', und eine sehr dicht wachsende Züchtung aus Frankreich, *L. x intermedia*. Sie alle brauchen den üblichen Winterschutz. Daneben gibt es aber auch nicht winterharte wie
L. dentata, die sich für die Zimmerkultur gut eignen.

WIRKUNG UND VERWENDUNG:
Die Heilwirkung – entspannend, schlaffördernd – ist hauptsächlich auf den Duft zurückzuführen. Lavendeltee ist daher nicht so wirkungsvoll wie die Verwendung der Blüten für Duftbäder oder in Duftkissen. Als Würze ist er gewöhnungsbedürftig und am ehesten noch für Fisch- und Lammgerichten zu empfehlen.

Lavendel (Lavandula angustifolia)

Apothekerrose, Essigrose

Rosa gallica officinalis

BESCHREIBUNG UND KULTUR:
Die eher niedrig wachsende Apothekerrose – sie wird auch ausgepflanzt nicht höher als 90 cm – eignet sich ganz besonders für einen Kräutergarten auf der Terrasse. Wie aus dem Namen hervorgeht – *'officinalis'* kommt von Offizin, dem alten Namen für Apotheke – werden die Blüten als Heilmittel genutzt. Sie sind halbgefüllt, dunkelrosa und wundervoll duftend. Für Freunde des Besonderen könnte zur Topfkultur eine andere Essigrose empfohlen werden, *Rosa gallica* 'Versicolor' oder *Rosa* 'Mundi', die nach der Fair Rosamund benannt ist, einer englischen Prinzessin. Sie hat attraktiv gestreifte Blütenblätter, duftet ebenfalls und kann auch als Tee verwendet werden.

Für die Topfkultur in entsprechend großen Behältern empfiehlt sich eine Frühjahrspflanzung. Dem Substrat sollte man etwas Algenkalk und eventuell einen Düngervorrat an Hornspänen zufügen. Regelmäßig gießen und etwas nachdüngen. Zurückschneiden kann man die Rose leicht vor dem Winter, im Frühjahr entfernt man nur abgestorbene Triebe. Winterschutz mit Reisig ist unbedingt anzuraten.

WIRKUNG UND VERWENDUNG:
In der Aromatherapie schreibt man dem Rosenduft harmonisierende Wirkung zu. Daher hilft er überall dort, wo ein Ungleichgewicht im Körper herrscht, zum Beispiel bei Wechselproblemen oder nervösen Spannungen. Eine solche Wirkung kann man auch einem Tee aus den Blüten zusprechen. Harmonisierend wirken die Rosenblüten auch auf die Haut.

Apothekerrose, Essigrose (Rosa gallica officinalis)

DAS BESONDERE REZEPT

Rosen-Skinlotion

*2 Essl. Rosenblüten,
1 Essl. Eibischblüten und
-blätter werden mit 40 %
Alkohol übergossen, bis
sie bedeckt sind.*

*Zwei bis drei Wochen in
einem verschlossenen
Gefäß ziehen lassen, abfiltern und im Verhältnis
1:1 mit Rosenwasser
verdünnen.*

Engelwurz
Angelica archangelica

BESCHREIBUNG UND KULTUR:
Die Engelwurz ist ebenfalls
ein stattlicher, zweijähriger
Doldenblütler, der bis zu 2 m
hoch werden kann. Wie der
Fenchel braucht sie daher
möglichst tiefe Kübel um
zufriedenstellend zu gedeihen.

Sie liebt Feuchtigkeit, muss
also intensiver gegossen werden. Ebenso benötigt sie
nährstoffreiches Substrat mit
Hornspänen.

Sie samt selber aus. Besser
ist es, die Samen zu ernten
und sofort wieder anzubauen,
da sie nur kurze Zeit keim-
fähig sind. Die Jungpflänz-
chen treiben noch vor dem
Winter Blattrosetten und
können im Freien überwin-
tert werden. Bei älteren
Pflanzen ist Zurückschneiden
nicht nötig, da die oberirdi-
schen Teile nach der Blüte
selbst absterben.

WIRKUNG UND VERWENDUNG:
Engelwurz ist eine aromatische Bitterstoffdroge, sie liefert
einen verdauungsanregenden
und gallenflüssigkeitsfördern-
den Tee. Dazu kann man
auch die Blätter verwenden
und sich einen Vorrat trock-

Engelwurz (Angelica archangelica)

DAS BESONDERE REZEPT
Benedictine:

*Engelwurzsamen und zerkleinerte Stängel sowie
Blätter gemeinsam mit Lavendelblüten, Thymiankraut,
Minzeblättern, Fenchelsamen, einem kleinen Stück
Ingwerwurzel, Gewürznelken, Zimtstangen und
einem Hauch Muskat in einem halben Liter Schnaps
(Wodka) ansetzen. Nach einem Tag gibt man einen
halben Liter Zuckerwasser (Zucker in kochendem
Wasser auflösen, abkühlen lassen) dazu. Einen
weiteren Tag ziehen lassen, abseihen, abfüllen und
1 Monat ruhen lassen.*

---

nen. In Frankreich ist Engelwurz der wichtigste Bestandteil jedes magenstärkenden
Kräuterlikörs, in England
liebt man junge, kandierte
Stängel.

Fenchel
Foeniculum vulgare

BESCHREIBUNG UND KULTUR:
Der Fenchel ist ein Dolden-
blütler, der auch im Topf bis
zu 2 m hoch werden kann.
Daher benötigt er sehr tiefe
Behälter, in denen sich die
Pfahlwurzel ausbreiten kann.

Er ist nicht ganz verlässlich
ausdauernd, aber einfach zu
ziehen. Er sät sich meist selbst
aus und oft findet man in
anderen Töpfen Sämlinge, die
dann nur mehr verpflanzt
werden müssen. Ab März am
Fensterbrett angebaut, keimen
die Samen sehr schnell. Das
Substrat für den Fenchel sollte
etwas Kalk und Hornspäne
enthalten. Er muss nicht über-
mäßig gegossen werden. Im
Herbst schneidet man ihn
bodennah ab. Üblicher Winterschutz mit Reisig ist anzuraten.

Vom Fenchel gibt es auch
eine überaus attraktive Art
mit braunrotem Laub, die
den Balkon farblich berei-
chert.

WIRKUNG UND VERWENDUNG:
Müttern mit Babys kann die
Kultur von Fenchel sehr empfohlen werden, da der beste
Tee für die Jüngsten oft mit
Pestiziden belastet ist, wenn
er nicht aus biologischem
Anbau stammt. Außerdem
haben selbstgeerntete Fen-
chelfrüchte ein viel intensi-
veres Aroma.

Doldenblütler neigen dazu,
dass nicht alle Früchte
gleichzeitig reif werden,
daher ist die beste Ernteme-
thode folgende: Am frühen
Vormittag beutelt man die
Dolden über Papiersäckchen
aus. Dadurch fallen nur die
reifen Samen ab und die
anderen können direkt an
der Pflanze ausreifen. Bevor
man die Samen in Gläser
abfüllt, sollte man sie in der
Sonne trocknen lassen.

Fencheltee wirkt über die
Hypophyse hormonell, daher
ist er milchbildungsanregend
aber auch hilfreich bei Wechselproblemen. Im Kindertee
nützt man seine blähungs-
widrige Wirkung.

Fenchel (Foeniculum vulgare)

Beifuß
Artemisia vulgaris

BESCHREIBUNG UND KULTUR:
Eigentlich ist der Korbblütler Beifuß eine Pflanze, die überall wächst, sozusagen ein Unkraut. Es gibt aber dennoch gute Gründe, ihn zu kultivieren. Die Blüten sind nämlich ein hervorragendes Gewürz, das im Handel nicht erhältlich ist, das man also selber ernten muss.

Der Beifuß wird eine stattliche Pflanze. Bis über einen Meter hoch, ist aber absolut genügsam. Er braucht daher zwar ausreichend große Pflanzbehälter, aber kaum Düngung.

WIRKUNG UND VERWENDUNG:
Im Frühherbst, wenn die kleinen, braunen Blüten sich zu entfalten beginnen, schneidet man den Beifuß bodennah ab. Die Stängel werden kopfüber hängend getrocknet.

Dann allerdings muss getrennt abgestreift werden. Die Blüten kommen als Gewürz in Gläser und wer möchte, verwendet die bitteren Blätter gleich wie die des Wermuts als gallenanregenden Tee.

Warnen muß man aber vor dem Rat, das Hähnchen mit Wermut zu würzen, wie es öfters geschrieben steht. Das Hähnchen ist dann sicherlich ungenießbar.

Beifuß wird oft als wilder Wermut bezeichnet, und gemeint ist bei diesem Rat eher, dass man gebratenes Geflügel oder überhaupt jedes fette Essen wie Schweinebraten aber auch fetten Fisch, Aal, etc., mit Beifußblüten würzen sollte. Diese wirken bitter-aromatisch, sodass fettes Essen durch die Förderung der Gallensaftsekretion leichter verdaulich wird.

Beifuß (Artemisia vulgaris)

Der blühende Kräutergarten

Ringelblume & Co.

BESCHREIBUNG UND KULTUR:
Eine Fülle an Pflanzen zeichnet sich dadurch aus, dass sie mit ihren Blüten den Balkon bereichern, aber auch als Heilpflanzen genutzt werden können. Einige von ihnen sind einjährig zu ziehen. Da sie in der Kultur nicht allzu viel Platz brauchen, kann man sie gemeinsam mit anderen Kräutern kultivieren. Dazu zählen vor allem die **Ringelblume** *(Calendula off.)*, die **Kamille** *(Chamomilla recutita)* und das **Wilde Stiefmütterchen** *(Viola tricolor)*,

aber auch das **Tausendguldenkraut** *(Centaurium umbellatum)* und die **Kapuzinerkresse** *(Tropaeolum majus)*. Sie alle sät man im Frühjahr am besten direkt in die Töpfe, in denen sie dann weiterwachsen sollen. Die Kamille ist ein extremer Lichtkeimer, bei ihr dürfen die Samen nicht mit Erde bedeckt werden. Auch beim Stiefmütterchen sollten die Samen nur angedrückt werden. Die Samen der Ringelblume bedeckt man dagegen mit Erde, ebenso wie die der Kapuzinerkresse, die aber, weil sie frostempfindlich ist,

erst ab Mitte Mai im Freien ausgesät werden darf. Regelmäßiges Gießen fördert die Entwicklung aller einjährigen Heilpflanzen. Zu düngen braucht man nur die Ringelblume und die Kapuzinerkresse. Auch wenn man bei diesen Pflanzen die Blüten erntet, sollte man einige stehen lassen, um im Herbst eigenes Saatgut erhalten zu können.

Für den blühenden Balkon können aber auch einige andere ausdauernde Heilpflanzen empfohlen werden. Das **Johanniskraut** *(Hypericum perforatum)* ist leicht

Ringelblume (Calendula off.)

Wildes Stiefmütterchen (Viola tricolor)

anzubauen und zu pflegen, verträgt Trockenheit und liebt Sonne. Mehr ist zu seiner Kultur kaum zu sagen. **Arnika** *(Arnica montana)* ist eine Hochgebirgspflanze, die sich überhaupt schwer in Kultur bringen lässt. Eine kanadische Verwandte, die *A. chamissonis*, ist genauso heilkräftig, jedoch einfach zu kultivieren.

Man baut sie entweder aus Samen an (Lichtkeimer!) oder besorgt sich Pflänzchen. Diese bleiben eher schwach im Wuchs, daher kann man Arnika auch gemeinsam in Gefäßen mit anderen Kräutern ziehen. Abschließend sei hier noch das **Mutterkraut** *(Chrysanthemum parthenium)* empfohlen, das Blüten und

Heilkraft bringt. Die Blüten erinnern an winzige Chrysanthemen und die Samen keimen leicht. Es gibt auch gefüllt blühende Sorten und solche mit goldlaubigen Blättern. Das Mutterkraut ist nicht sehr ausdauernd, samt aber so verlässlich aus, daß es in vielen Töpfen überraschend auftauchen wird.

Kamille (Chamomilla recutita)

Tausendguldenkraut (Centaurium umbellatum)

Johanniskraut (Hypericum perforatum)

Die Blüten der **Kamille** liefern den altbekannten Tee, dessen positive Wirkung auf den Magen bei Gastritis neuerdings wissenschaftlich bestätigt wurde. Auch bei jeder Form von Bauchschmerzen hilft die krampflösende Wirkung des ätherischen Öles.

Die **Ringelblume** hat entzündungshemmende Wirkung, die vor allem in Form einer

DAS BESONDERE REZEPT

Johanniskrautöl

Johanniskrautblüten in Distelöl ansetzen, 3 Wochen in der Sonne stehen lassen und abfiltern.

Arnikatinktur

Genauso einfach ist die Herstellung einer Tinktur aus den Blüten der Arnika, die als Umschlag bei Zerrungen und Prellungen hilft: Ausgezupfte Arnikablütenblätter mit 40 % Alkohol bedecken, 3 Wochen ziehen lassen und abfiltern.

Salbe bei eiternden, schlecht heilenden Verletzungen genutzt wird.

Das **Stiefmütterchen** wird als Ganzes, also Blatt und Blüten, getrocknet und ist ein hervorragender Tee für alle Hautprobleme.

Von **Tausendguldenkraut** erhält man einen bitteren Tee, der bei Magenschwäche magensaftsekretionsanregend wirkt.

Die **Kapuzinerkresse** hat antibakterielle und immunstärkende Wirkstoffe im Blatt. Besonders reizvoll wächst sie in Ampeln, von denen man,

wenn sie im Spätherbst in die Wohnung gebracht werden, bis tief in den Winter hinein frische Blätter ernten kann.

Johanniskraut hat als Tee eine wissenschaftlich bestätigte antidepressive Wirkung. Schmerzende Muskeln, wie sie auch Balkongärtner/innen nach getaner Arbeit haben können, entspannen sich, wenn sie mit dem durchblutungsanregenden Öl massiert werden.

Und zuletzt die Wirkung des **Mutterkrautes**: Ein frisches Blatt täglich (keinesfalls mehr) zum Butterbrot hilft vielen Migränepatienten.

Kapuzinerkresse (Tropaeolum majus)

Mutterkraut (Chrysanthemum parthenium)

Kräuterdüfte

Der Anblick und Duft blühender Kräuter und Duftpflanzen, lebend oder getrocknet, nach eigener Kreativität arrangiert, lässt in der Seele Erinnerungen wach werden, Freude und Harmonie entstehen – ein besonders in der jetzigen Zeit für unser Wohlbefinden sehr wichtiger Aspekt.

Kräuterdüfte – Freude für das Heim

Eine der größten Freuden, die das Kultivieren von Kräutern bringen kann, ist die vielfältige Weise, in der man mit ihnen das Haus dekorieren kann. Ob frisch oder getrocknet, mit Kräutern lassen sich vielfältige Arrangements herstellen. Die schönsten Sträuße entstehen im Vorübergehen. Ein paar Dillzweige mit Dolden, blühende Kamillen und Ringelblumen und dazu einige Salbeizweige, fertig ist ein reizvolles und dazu noch duftendes Bukett für die Vase. Leider fast vergessen ist die Tradition, mit Blumensträußchen auch stumme Botschaften zu vermitteln. Bringen Sie bei Ihrem nächsten Besuch ein Kräuterbukett mit „Inhalt": Ein Sträußchen für die Braut: Um eine dunkelrosa Blüte der Apothekerrose (Liebe und Schönheit) werden Minzenzweige (Tugend), Salbei (Häuslichkeit), Thymian (Mut), Rosmarin (Erinnerung) und Efeu (eheliche Treue) arrangiert. Zur Erinnerung kann man das Sträußchen auch trocknen und aufbewahren. Eine Möglichkeit,

das Wesen der sommerlichen Kräuterdüfte einzufangen und in das Haus zu bringen, besteht darin, ein **Potpourri**, einen Dufttopf zu machen. Der Name kommt aus dem Französischen und bedeutet eigentlich „fauler Topf", da man zur Herstellung ursprünglich frische Kräuter und Blüten mit Salz lagenweise in Töpfe schichtete. Ein duftendes Potpourri könnte man so

interpretieren, dass aus vielen Duftnoten, die zusammengemischt werden, ein neuer Duft entsteht. Folgende Bestandteile braucht man zur Herstellung eines trockenen Potpourris: getrocknete Blätter von Kräutern oder anderen Pflanzen mit duftenden Blättern, getrocknete Blüten von Duftpflanzen, gemahlene

Gewürze, ätherische Öle und Fixative. Darunter versteht man Stoffe wie Iriswurzelpulver, die helfen, den Duft zu konservieren. Wie diese Ingredienzien dann gemischt werden, um einen neuen Duft zu entwickeln, muß der Kreativität des Kräutergärtners überlassen bleiben. Es gibt aber auch viele bewährte Rezepturen:

Rosenpotpourri: 1 Liter Rosenblüten, 50 g Lavendelblüten, 50 g Blätter von Pelargonium graveolens, 50 g Patschubliblätter, 1 Teelöffel Zimtpulver, 25 g Iriswurzelpulver und eine zerkleinerte Vanilleschote werden zusammengemischt, dann gibt man 5 Tropfen Geraniumöl sowie 3 Tropfen Patschuliöl dazu und mischt noch einmal durch. In ein verschließbares Gefäß geben und zwei bis drei Wochen „reifen" lassen. Diese Mischung, die nicht sonderlich attraktiv aussieht, füllt man in Schalen und dekoriert mit getrockneten Rosenknospen.

Lavendel hat seit jeher den Ruf, Motten abhalten zu helfen. Daher war es gebräuch-

lich, kleine Stoffsäckchen mit getrockneten Lavendelblüten zu füllen und in den Kasten zu legen. Dekorativer und daher für den Kasten fast zu schade, sind **Lavendelkörbchen**. Man schneidet den Lavendel kurz vor der Blüte mit möglichst langen Blütenstängeln. Für ein Körbchen werden etwa 15 Stängel genau unter den Blütenrispen zusammengebunden. Vorsichtig werden die Stängel über die Blüten zurückgebogen und in Form eines Körbchens um die Blüten gebunden. Mit einer schönen Schleife dekoriert, wird aus dem Lavendelkörbchen ein dekoratives Geschenk.

Angeblich mögen Motten den Geruch von Patschuliblättern noch weniger als Lavendelduft. Nutzen Sie Ihren Exoten vom Fensterbrett, indem Sie **mottenabwehrende Kleiderbügel** machen. Man näht ein Stoffstück, das der Größe eines Kleiderbügels angepasst ist, zieht es über diesen, füllt es mit getrockneten Patschuliblättern und näht das Stoffstück zusammen.

Stoffsäckchen, die mit Kräutern gefüllt werden, nennt man in England **Sachets**. Man kann sie nicht nur in den Kasten legen, sondern auch als Badesäckchen nutzen. Man füllt ein kleines

Leinensäckchen mit den gewünschten Kräutern, zum Beispiel für ein harmonisierendes **Duftbad mit Pelargonienblättern**, für ein Bad bei Erkältungserkrankungen mit Minzenblättern und für ein entspannendes, schlafförderndes Bad mit Lavendelblüten. Das Säckchen verschließt man mit einer Kordel und hängt es unter den Wasserhahn der Badewanne. Einfach nur das heiße Wasser darüber rinnen lassen und fertig ist ein herrliches Bad. Beim Nähen solcher Säckchen kann man seine Fantasie walten lassen und hat dann wieder sehr dekorative Geschenke.

Wenn die Säckchen etwas größer genäht werden, entsteht ein **Duftkissen**.

Gefüllt mit zitronig duftenden Kräutern ist es erfrischend im Sommer. Gefüllt mit Hopfenzapfen und Lavendelblüten verhilft es sicher zu gutem Schlaf. Eine Mischung von Zitronenverbene, Majoran und Lavendel hilft bei Kopfweh.

Sehr beliebt sind **Kräuterkränze**, die richtige Landhausatmosphäre vermitteln. Sie sind ganz einfach anzufertigen, wenn man bereits vorgefertigte Strohkränze verwendet. In diese steckt man dann die Kräuter entweder frisch, was den Vorteil hat, dass sie sich dann besser in Form bringen lassen. Aber auch mit getrockneten Kräutern lassen sich schöne Kränze herstellen, man muss nur darauf achten, dass sie beim Hantieren leicht brechen können. Kräuter, die sich für solche dekorativen Kränze eignen, sind solche, die sich leicht trocknen lassen und dann ihre Form bewahren, wie Rosmarin, Lorbeer, blühender Oregano und Lavendel, Thymian oder Salbei. Viel Material für Kräuterkränze fällt im Früh-

jahr beim üblichen Rückschnitt an. Farbliche Auflockerung bringen Blüten wie getrocknete Rosenknospen, Saflor oder Samenstände wie die vom Schwarzkümmel. Natürlich kann man auch Strohblumen und Strandlavendel zum Dekorieren verwenden.

Ein Vorschlag für einen Küchenkranz: Lorbeer, Rosmarin und Salbei in einen Strohkranz stecken, dazwischen Chilischoten und kleine Knoblauchknollen.

So ein Kranz sieht nicht nur nett aus, auch beim Kochen kann man ab und zu ein bisschen davon verwenden.

Kräuterkränze zählen ebenfalls zu Geschenken, die immer willkommen sind.

Name	Licht-anspruch	Wasser-anspruch	für Zimmer geeignet	winter-hart	Aussaat	Ernte	Wuchs-höhe in cm	Mischkultur oder Solitär
Ackerminze, Japanische							70–80	Solitär
Aloe							40–70	Solitär
Anis-Ysop					3		60–80	Goldmelisse
Apfelminze							60–80	Solitär
Apothekerrose, Essigrose							90–100	Knoblauch, Bärlauch, Lavendel
Arnika					3		20–25	Kamil, Stiefmütter, 1000-Guldenkr.
Bärlauch					3		20	Rose
Basilikum					2–3		20–30	alle Basilikumarten
Beifuß					3		bis 150	Eibisch
Bohnenkraut					3&4		bis 40	Thymian, Oregano
Braune Minze, Nudelminze							60–70	Solitär
Chilli					2–3	Frucht	bis 30	Solitär
Chinesischer Schnittlauch					3–4		40	Solitär
Dill					3		40–50	nicht zu Doldenblütlern
Duftpelargonien					2–3		20 bis über 100	Solitär
Eau-de-Cologne-Minze							30–40	Solitär
Eibisch					3		über 100	Beifuß
Engelwurz, Angelika					9		bis 150	Solitär
Estragon					3 (russ.)		franz.60, russ.90	Solitär
Färberdistel, Saflor					3		40–50	Ringelblume
Fenchel					3		bis 200	Solitär
Goldmelisse, Indianernessel					3		40–60	Anisysop
Gotu Kola					2–3		kriechend	Solitär
Gundelrebe					3		hängend bis 100	im Fensterkasten, Unterpflanzen
Ingwer							40–50	Solitär
Ingwerminze							20–25	Solitär
Johanniskraut					3		40–60	Solitär
Kamille					3		bis 30	Arnika, Stiefmütter, 1000-Guldenkr.
Kapuzinerkresse					3		30–100	Solitär
Kardamom							40–60	Solitär
Kerbel				I–II	3–4		40	Rose, nicht zu Doldenblütlern
Knoblauch				I–II			bis 40	Rosen

Pflanze	Höhe (cm)	Nachbarn / Bemerkungen
Lavendel	20–50	Rosen
Liebstöckel	bis 150	Solitär
Lorbeer	bis 150	Solitär
Luftzwiebel	40	Solitär
Majoran	bis 30	Solitär
Meerzwiebel	bis 100	Solitär
Mexikanischer Salbei	20–100	Solitär
Mottenkönig	hängend bis 50	alle Mottenkönigarten
Mutterkraut	40–50	Goldmelisse
Oregano	bis 40	Bohnenkraut, Salbei
Palmarosagras	bis 40	Solitär
Patschuli	40–50	Solitär
Petersilie	30–40	Rose, nicht zu Doldenblütlern
Pfefer „Hoja Santa"	50–80	Solitär
Pfefferminze	50–60	Solitär
Rauke, Rucola	20–30	andere Salate
Ringelblume	20–30	Färberdiestel, Saflor
Rosmarin	bis 100	Solitär
Salbei	40–50	alle Salbeiarten
Schnittlauch	20–30	Solitär
Schnittsellerie	20–30	nicht zu Doldenblütlern
Schwarzkümmel	20	Kamil, Stiefmütter, 1000-Guldenkr.
Spearmint	50	Solitär
Stiefmütterchen	20	Kamil, Schwarzküm., 1000-Guldenkr.
Süßdolde	30–40	Solitär
Süßkraut	hängend bis 50	Solitär
Tausendguldenkraut	20–25	Kamil, Stiefmütter, Schwarzküm.
Thymian	bis 25	Bohnenkraut, alle Thymianarten
Weinraute	bis 40	Solitär
Wiesenknopf	30	Solitär
Winterheckenzwiebel	bis 40	Solitär
Winterkresse	bis 50	Solitär
Zimmerknoblauch	bis 60	Solitär
Zitronellagras	bis 50	Solitär
Zitronengras	bis 50	Solitär
Zitronenverbene	bis über 100	Solitär

Legende

Lichtanspruch

○ Sonne　　◑ Halbschatten　　● Schatten

Wasseranspruch

⊌ wenig gießen　　⊌ normal gießen　　⊌ stark gießen

für Zimmer geeignet

△ gut　　▽ schlecht　　▷ mit Einschränkung

Winterhart

△ ja　　▽ nein　　I 1-jährig　　II 2-jährig　　HI 1–2-jährig

Aussaat

　　　　　　　　　　　　　　　　　　　　　　⌂ im Glashaus

◔ Lichtkeimer　● Dunkelkeimer　❄ Frostkeimer　🐾 im Freien

Ernte

🍃 Blätter　　✿ Blüten　　🌱 Wurzel　　🌾 Samen

BUCHTIPPS

Bown, D.: **Du Mont's Große Kräuterenzyklopädie,** *Du Mont, 1996*

Bremness, L.: **Das große Buch der Kräuter,** *AT Verlag Aarau1988*

Kreuter, M.-L.: **Kräuter und Gewürze aus dem eigenen Garten,** *BLV, 1995*

Wiegele, M.: **ABC der Kräuterheilkunde,** *Norka, 1999*

Bezugsquellenempfehlungen

Pflanzen:

GARTENBAU WAGNER
Gutendorf 36, A-8353 Kapfenstein

RARITÄTENGÄRTNEREI TREML
Eckerstr., D-93471 Arnbruck

KRÄUTERZAUBER
Auf dem Berg 166, D-27367 Horstedt

BLUMENSCHULE
Augsburgerst. 62, D-86956 Schongau

OTZBERG-KRÄUTER
E. Ollenhauerstr. 870, D-65187 Wiesbaden

Samen:

BLAUETIKETT BORNTRÄGER
D-67591 Offstein

RICHTERS
Goodwood, Ontario LOC 1AO, Canada

CHILTERN SEEDS
Bortree Stile, Ulverston, Cumbria 12 7PB, England

In diesem Buch werden Hinweise zu naturheilkundlichen Anwendungen gegeben. Die Empfehlungen sind von der Autorin auf Grund wissenschaftlicher Untersuchungen und eigener Erfahrungen mit größter Sorgfalt ausgewählt worden.

Einen Arztbesuch können und wollen diese Ratschläge auf keinen Fall ersetzen.

Eine Haftung für gesundheitliche Schäden durch unsachgemäße Anwendung von Heilpflanzen kann daher weder von der Autorin noch vom Verlag übernommen werden.

Index

Index